Los dilemas medioambientales del siglo XXI ante la Ecoética

Los grandes retos ecológicos de
los políticos, las empresas y la ciudadanía

José Vives-Rego

© Bubok Publishing S.L., 2010
1ª Edición
ISBN: 978-84-9916-901-9
DL: M-33182-2010
Impreso en España / Printed in Spain
Impreso por Bubok

Índice

AGRADECIMIENTOS

Quiero expresar mi agradecimiento, en primer lugar, a mi compañera Nekane, que comparte mi vida, me ayuda y hace fácil mi labor de introspección intelectual. A mis padres, que me lo dieron todo. De modo especial a mis profesores de filosofía. A todos aquellos que me antecedieron e influyeron en la temática medioambiental con sus escritos o sus charlas. A quienes sinceramente preocupados por el futuro y el medioambiente. A los que mantienen una actitud de denuncia ecológica honesta, fundamentada y lo demuestran practicando con el ejemplo.

1. Resumen

En este libro se analizan los problemas medioambientales del siglo XXI desde una perspectiva ecológica, ecoética, tecnocientífica, antropológica, socio-económica y política. Se pone especial énfasis en los dilemas medioambientales que son cruciales de cara a un futuro sostenible. Se analiza el consumo de los recursos básicos de la Naturaleza: energía, agua y alimentos; el papel de la responsabilidad ecológica y la importancia del diálogo como elementos fundamentales para resolver los dilemas medioambientales más acuciantes. En este análisis, se retrotraen diversos aspectos vinculados a la problemática medioambiental tales como: i) el consumo y el consumismo; ii) las bases antropológicas y psicológicas del comportamiento humano medioambiental; iii) las vinculaciones entre medioambiente y economía; iv) los límites tecnocientíficos del desarrollo; v) nuestra responsabilidad para con las futuras generaciones y vi) los planteamientos cosmovisiónales y filosóficos que han abonado la crisis medioambiental actual (antropocentrismo, cosmovisión y atomismo). Finalmente la conclusión y propuesta del autor, es que las decisiones relativas a la demografía, consumo de recursos, producción de residuos y los planteamientos que garanticen el futuro sostenible, deben basarse en un acuerdo trascendental y planetario basados en el diálogo, la educación medioambiental y una nueva cultura de valores mas ética y mas solidaria con la población actual y las futuras generaciones.

2. Prólogo y presentación

El medioambiente y la ecología son temas de indudable actualidad, que cada vez están más presentes tanto en los medios de comunicación como en las preocupaciones de políticos, empresarios y ciudadanos.

Lo que presento y analizo en este libro, son una serie de reflexiones generadas desde ámbitos de conocimiento tan diversos como la biología, ecología, socio-economía, filosofía, ética y política, donde a lo largo de los diferentes apartados, se abordan diversas facetas de la problemática medioambiental. En el conjunto de estos comentarios y reflexiones sólo hay un punto o nexo común: el medioambiente, que se constituye en el eje central de todos los planteamientos.

Ya han quedado lejos los días en que pensábamos que la ciencia y la tecnología (tecnociencia) iban a ser la solución de todos los problemas medioambientales. La sociedad humana, en un acto de orgullo de todavía impredecibles consecuencias, llegó a pensar que con ciencia y tecnología controlaríamos la Naturaleza a nuestro capricho y que podríamos hacer de este planeta el paraíso en que todo fuese posible, sin casi esfuerzo y sin ningún tipo de límites. Ya hemos visto que las cosas no son así. La Naturaleza no solo se resiste ha ser controlada a nuestro antojo, si no que la hemos alterado de tal modo, que se vuelve contra nosotros (cambio climático por ejemplo). Los recursos naturales se agotan rápidamente o se contaminan haciéndolos peligrosos cuando no inútiles. Nos estamos quedando sin espacio en las zonas tradicionalmente más habitables del Planeta. El acceso fácil y barato al agua y a la energía amenaza con dejar de serlo. Nuestro sueño de volver al Paraíso perdido, se va por los suelos.

Quisiera decir desde este prólogo-presentación, que todo lo que trato en este trabajo, es fruto de lo que he aprendido junto a los coautores que me han acompañado en los numerosos estudios, trabajos y artículos que he publicado en mi trayectoria académica, a los magníficos (y también pacientes, debo decirlo) profesores de filosofía que he tenido en los últimos años y de los creativos autores de magníficos artículos en revistas y libros internacionales, a los que en su mayoría y desgraciadamente nunca he llegado a conocer personalmente. Todos ellos han sido desde el primer momento (incluso los que sólo he conocido a través de sus escritos) excelentes compañeros de trabajo y maestros motivadores. Es únicamente gracias a ellos, que este trabajo ha sido diverso y por tanto es también de ellos el mérito de la sinergia, transversalidad y profundidad de los temas tratados. Vaya un especial agradecimiento a todos y cada uno de ellos.

Estoy convencido de que el futuro de la sociedad actual y de toda la humanidad se va a jugar en la arena del medioambiente. Necesitamos imperiosamente una sociedad nueva, con nuevos valores y nuevas maneras de comportarse, consumir y relacionarse. Hemos de conseguir que el bienestar y la felicidad no se basen en el consumismo. En ese nuevo futuro, el medioambiente va a ser el lugar común a todas las ideologías, culturas y sociedades. Deseamos y esperamos que nuestro trabajo pueda aportar algo a la ya de por sí ingente labor que a todos nos espera.

Vallvidrera (Barcelona), 30 de Junio del 2010.

José Vives-Rego.

3. Introducción: la situación del medioambiente a día de hoy.

En el año 1990 durante la Segunda Guerra del Golfo protagonizada por el entonces líder de Irak, Sadam Hussein, en pleno apogeo de su poder lanzó un fatídico pronunciamiento: "la madre de todas las batallas ha empezado". Años después, una de las causas (y no la menor) de aquel y posteriores enfrentamientos geopolíticos sigue siendo la misma: la lucha por los recursos energéticos.

Cada día somos más conscientes de que incendios forestales, inundaciones, escasez de agua para riego o para consumo de la población, contaminación en nuestras costas y ríos y un largo etcétera, nos están indicando que algo va mal, que los humanos estamos estropeando y haciendo cada vez más inhóspito nuestro Planeta (que al fin y al cabo es nuestras casa). En la prensa y TV se ha empezado a decir claramente que el petróleo es un recurso finito y que más tarde o temprano se acabará. No existen dudas de que al ritmo actual de consumo, en unas décadas tendremos que adaptar nuestras sociedades a formas de vivir en las que el escaso petróleo disponible se destine únicamente a fines muy concretos como producir materiales especiales o medicamentos y ya no podrá quemarse con la alegría que hoy lo hacemos.

El agua también es un bien escaso y a la vez imprescindible para la vida del hombre, de los animales y de las plantas. Las sociedades humanas, sus actividades industriales, agroganaderas, culturales y lúdicas son impensables sin grandes recursos hídricos. De hecho las demandas de agua nunca han sido tan altas y las tendencias van al alza. Es mas, la UNESCO a través de los informes científicos recientes, destaca que en el 2030 el 47% de la humanidad vivirá en zonas afectadas por estrés hídrico [1]. En los últimos años Europa y de modo particular la región mediterránea han sufrido graves sequías y algunos veranos han sido catastróficos. Entre 1992 y 2008 las pérdidas económicas en Europa debidas a la sequía han sido del orden de 12.000 millones de euros [2] y desgraciadamente, España se ha llevada la mayor cuantía de esas pérdidas. Hay serios motivos para pensar que la sequía y los parajes desérticos van a estar cada vez mas presentes en Europa y España en particular. Pero además, el drama surge al darnos cuenta de que nuestras actividades alteran, contaminan y hacen inadecuada para usos posteriores el agua que utilizamos. En los últimos años, por fin hemos visto como nuestras autoridades han empezado a declarar el estado de alerta de cara a las restricciones venideras, si los hábitos de consumo y la climatología no cambian. Estas situaciones y pronósticos se denuncian con toda claridad en informes internacionales [3] de solvencia y autoridad indiscutibles, que raras veces tienen eco en las declaraciones y programas de los políticos y gestores públicos.

---

1 W. Erdelen, 2009. The other crisis. Natural Sciences Quarterly Newsletter, 7, 1.
2 S. Demuth. 2009. Learning to live with drought in Europe. A World of Science, 7, 18-20.
3 De entre los muchos informes existentes, se recomiendan dos: La situación del mundo 2010. Cambio cultural. Del consumismo hacia la sostenibilidad. The WordlWatch Institute. Icaria Editorial y The New Global Puzzle. What World for the EU in 2025?. Institute for Security Studies. European Union. www.iss.europe.eu. También recomendamos visitar la web de Redifining Progress http://www.rprogress.org/index.htm

Siglos atrás, cuando el hombre utilizaba agua, también la alteraba o contaminaba. Sin embargo, esa contaminación era minúscula en comparación con la actual y los procesos naturales de autodepuración volvían a renovarla sin mayores dificultades. Hoy día el escenario ha cambiado: el hombre se extralimita en el consumo y contaminación del agua hasta el extremo de que la Naturaleza ya no tiene capacidad suficiente para depurar. Es entonces cuando, si no queremos perecer inmersos en nuestras propias inmundicias, debemos depurar y limpiar el agua que ensuciamos antes de devolverla a la Naturaleza. La tecnología que se emplea en muchos de los procesos de depuración, es un fiel reflejo de como actúa la Naturaleza, con la salvedad de que el hombre debe hacerlo mas rápido y en menos espacio. De hecho cada depuradora que se instala, es como si se alargasen unos centenares de kilómetros los ríos o los lagos o las costas de los mares.

El indicador de la Huella Ecológica ("Ecological Foot Print") muestra claramente que la humanidad actual utiliza los recursos y servicios de la Naturaleza que equivalen a 1,3 Tierras, es decir que estamos consumiendo muchos mas recursos de los que el planeta genera [4]. Nuestro planeta no tiene recursos ilimitados y por tanto los recursos existentes sólo pueden satisfacer a un máximo de población con un nivel de consumo determinado. Es decir, para que la población de este planeta pueda ser sostenible en el futuro y por tanto que no agotemos los recursos existentes y que las generaciones futuras puedan disfrutarlos por mucho tiempo y de modo equitativo, debe llegarse a un acuerdo medioambiental ético (ecoético) para consumir y contaminar menos.

---

4   Redifining   Progress.   http://wwww.rprogress.org/ecological_footprint/about_ecological_footprint.htm

Las preguntas ecoéticas claves son: ¿Cuántos habitantes en condiciones de vida sostenible y digna puede sostener nuestro planeta? ¿Quién y como se deciden los niveles máximos de dignidad social y consumo? ¿Quién y como se decide el máximo número de habitantes que este planeta puede soportar?

Para que la ecoética emergente marque el camino que nos aleje del desastre ecológico y social, debe basarse en el conocimiento profundo y transversal de la Naturaleza y del hombre, tanto a nivel científico como ético. Se trataría de desarrollar un discurso ecoético con planteamientos transversales e integrador a nivel planetario. La respuesta a estas inquietantes preguntas sólo puede alcanzarse desde una nueva visión del mundo solidaria y ética, basada en el pluralismo y las diferentes tradiciones, valores y culturas existentes. Los problemas y amenazas que se ciernen sobre el medioambiente y la Naturaleza son graves y empiezan a ser urgentes. Todos los países del mundo han asumido que la sostenibilidad es un elemento crucial para el futuro de las naciones. Los principales e innegables síntomas de que estamos destruyendo la Naturaleza se pueden esquematizar del siguiente modo:

1.   Rápida disminución y riesgo de desaparición o agotamiento de los recursos naturales básicos a nivel de bosques, pesca y biodiversidad y de las fuentes de energía fósiles (que representan más del 95% de nuestro consumo cotidiano): petróleo, carbón, gas y substratos radionucleares.

2.   Dificultades para poder suministrar la demanda creciente de agua desde dos tipos de exigencias. La primera, en cuanto a las cantidades que los sectores agro-ganadero, turístico y urbano exigen para mantener su desarrollo y la segunda que ese suministro de agua debe tener una

calidad que no presente riesgos sanitarios para la población consumidora.

3.   Dificultades para satisfacer la demanda creciente de energía que a su vez generan un aumento progresivo de los precios de las energías fósiles.

4.   Problemas de contaminación, en particular la contaminación de las aguas y de la atmósfera con los consiguientes riesgos para la salud pública y la pérdida de calidad de vida. Sin olvidar: i) el deterioro progresivo del paisaje que constituye un elemento crucial de la cultura y la identidad de los pueblos y ii) el aumento progresivo de residuos no biodegradables a corto plazo y que en muchos casos son cada vez mas tóxicos.

5.   Aumento de la pobreza y de las diferencias socioeconómicas en el mundo, lo que nos lleva a una cada vez mayor tensión geopolítica con los consiguientes riesgos de guerras y confrontaciones sociales.

En definitiva, todo apunta a que estamos inmersos en un modelo socio-económico no sostenible, que en los próximos 15-70 años nos puede conducir a profundas crisis tanto desde el punto de vista humano como económico. Parece evidente que el modelo socio-económico de libre mercado, ya no es el adecuado para garantizar el progreso y la estabilidad social, ya que está fatalmente destinado a destruir parcial o totalmente el planeta y generar graves problemas sociales. Los elementos negativos más destacables de ese modelo son: superpoblación, consumismo excesivo e innecesario e injusticia en la distribución de recursos y en las políticas comerciales, sociales y económicas internacionales.

Detrás de estos elementos existen una multitud de factores, a su vez de gran variabilidad, que conforman su expresión. Por ejemplo la superpoblación es consecuencia de muchos factores, pero quizás los más decisivos son que los logros de la producción de alimentos y el avance de la medicina permiten a las poblaciones humanas crecer y multiplicarse sin ninguna dificultad substancial. Otro elemento básico lo constituye un hecho que ha formado parte de la cultura tradicional y que dictaba que cuantos más hijos tenían las familias, más riqueza se generaba y la vejez era más segura y confortable. El exceso de consumo es consecuencia de un comportamiento ancestral desarrollado y seleccionado en los albores de la humanidad ante las enormes dificultades para alimentarse y tener enseres. Hoy día esas dificultades ya no existen o no se formalizan de la misma manera. Sin embargo el comportamiento medioambiental genético y cultural sigue teniendo la compulsividad de nuestros ancestros, con la radical diferencia de que la maquinaría tecnológica actual puede producir sin mayores dificultades (al menos por el momento) casi todas nuestras demandas de consumo.

Finalmente, la injusticia distributiva actual es la simple continuidad de las necesidades y comportamientos proteccionistas tribales del hombre primitivo. Hoy día, ese comportamiento se mantiene, sin ser conscientes de que el compartir información y decisiones genera siempre más beneficios para toda la sociedad, que los comportamientos egoístas, que solo suponen una situación de privilegio o pequeña mejora para unos pocos. Es decir, hemos llegado al límite del modelo de la sociedad actual y en la cual vivimos y hemos de encontrar un sistema alternativo, un recambio que nos permita vivir de modo sostenible.

4. ¿De qué estamos hablando cuando hablamos de Medioambiente y Ecología?

El vocablo "medioambiente" es, de hecho, un retruécano, originado por las dificultades que la lengua española ha tenido a la hora de traducir el término inglés "environment" o el francés "environement". El término medioambiente, es una expresión que se recoge en el Diccionario panhispánico de dudas ©2005 de la Real Academia Española ©, y reza del siguiente modo: "Conjunto de circunstancias o condiciones exteriores a un ser vivo que influyen en su desarrollo y en sus actividades". Aunque aún es mayoritaria la grafía "medio ambiente", el primer elemento de este tipo de compuestos suele hacerse átono, dando lugar a que las dos palabras se pronuncien como una sola. Por ello, se recomienda la grafía simple "medioambiente", cuyo plural es medioambientes. Su adjetivo derivado es medioambiental.

Sin embargo, para la mayoría de biólogos y ecólogos, e incluso de juristas, medioambiente es un término equivalente, cuando no sinónimo, al de "ecología" (De eco y logía, del griego *oikos* = casa y *logos* = tratado). Cuando nos preguntamos por las causas o razones que han llevado a aceptar la equivalencia entre medioambiente y ecología, surgen básicamente dos explicaciones. La primera es la comodidad que implica aceptar esta equivalencia. Y la segunda, que de hecho puede estar en el origen de la primera, es que hasta la fecha parece no haber existido una necesidad imperiosa de establecer fronteras precisas entre los significados de los términos ecología y medioambiente. El término "ecología", por su parte, se define como la Ciencia que estudia las relaciones de los seres vivos entre sí y con su entorno. También puede adquirir otros significados diferentes en función del contexto, como, por ejemplo, cuando se considera la parte de la sociología que estudia la relación entre los grupos humanos y su ambiente, tanto físico como social. Paradójicamente, y desde un punto de vista a medio camino entre lo sociológico y lo biológico, el término ecología también se asocia al concepto amplio de "defensa y protección" de la naturaleza y del medioambiente.

Ante las diversas definiciones de "medioambiente" y de "ecología", se percibe claramente la amplitud de significados del vocablo "medioambiente". En sociología se asume estrictamente que el significado es de entorno o de medio físico y no biológico. Por Naturaleza debemos entender no sólo el conjunto de seres vivos, si no también el entorno o medio físico que rodea a los seres vivos, es decir, el agua, el aire, la atmósfera, el suelo, etc. La mayoría de los autores y expertos suelen coincidir en atribuir la introducción del vocablo "ecología" (en alemán "Ökologie") al biólogo alemán Ernst H. Haeckel (1834-1919), quién la entiende como el estudio de las relaciones de un organismo con su ambiente inorgánico y orgánico y, en particular, con las relaciones positivas y negativas con los animales y plantas con los que convive [5]. Asimismo, el internacionalmente reputado ecólogo español Ramón Margalef, asume tal definición y aporta otras precisiones. Por ejemplo, que la Ecología estudia las relaciones recíprocas entre el medio y los organismos, o entre los or-

____

5 Margalef, R., Ecología. Ediciones Omega, Barcelona 1974, pág. 2

ganismos entre sí (⁶). A todo ello hay que añadir, sin ningún género de dudas, que la especie humana es un elemento inseparable de la ecología, como ser vivo que interacciona con el medioambiente y el resto de la flora y la fauna, positiva y negativamente. Desde el punto de vista de la Biología podemos hablar de ecología acuática, terrestre, vegetal, animal, microbiana, humana, de poblaciones y un largo etcétera. Por no hablar de la incorporación del vocablo ecología en actividades sociales como ecología industrial, social, económica, hospitalaria, de empresa, etc. La frecuencia en el uso del vocablo ecología ha crecido durante las últimas décadas y raro es el ámbito dentro de las ciencias experimentales o humanas que no incorpore el término ecología o sus derivados.

Creemos, por tanto, que una definición científica de ecología puede ser la que una vez mas definió magistralmente R. Margalef (⁷), cuando dice que la Ecología se ocupa de los organismos y su entorno, incluido el hombre. Que el hombre es un importante partícipe de los sistemas naturales no es discutible, pero a ello hay que añadir que, hoy por hoy, es además controlador y afectador de todos ellos (o casi de todos ellos) y en mayor o menor medida, directa o indirectamente. Una definición de Ecología más compleja pero más coherente con el desarrollo actual de la ciencia de la Ecología

---

6 Para más información sobre los conceptos de ecología, ecosistema y otras consideraciones de tipo ecológico ver: Odum, E.P., Fundamentals of Ecology (3ª ed. 1971); Smith, R.L., TheEcology of Man: An Ecosystem Approach (1971); Colinvaux, P.A., Introduction to Ecology (1973); Darnell, R.M.,Ecology and Man (1973); Emmel, T.C., An Introduction to Ecology and Population Biology (1973); Sutton,D.B./Harman, N.P., Ecology: Selected Concepts (1973); Watt, K.E.F., Principles ofEnvironmental Science (1973); Worster, D., Nature's Economy (1977); Brewer, R., The Science of Ecology (1988).

7 Margalef, R., Planeta azul, planeta verde. Prensa Científica, Barcelona 1992, pág. 8.

y de su incidencia en el ámbito socio-económico y filosófico, es el estudio de los ecosistemas, lo que nos obliga a definir que es un ecosistema.

En la teoría básica ecológica, un ecosistema es una unidad que persiste en el tiempo, funciona por si misma y está constituida por un ecotopo o biotopo (conjunto de factores mediales, agua, suelo físico, clima, etc.) y una biocenosis (que es un conjunto de seres vivos, hombre incluido). A este nivel de la definición, es fundamental establecer que el biotopo y la biocenosis establecen una relación interactiva que evoluciona en el espacio y en el tiempo. Esta evolución en el espacio y en el tiempo está regulada básicamente por factores externos al planeta, que básicamente se cifran en la influencia del Sol en el curso de la órbita planetaria de la Tierra, y en factores internos como el clima, la vulcanología, los mares, etc. que de algún modo o tienen su origen en los efectos del Sol (caso del clima y la dinámica marina) o en la cosmogénesis del Universo.

Un ecosistema –unidad básica en ecología– puede ser tan pequeño como una pequeña laguna o una ciénaga, o tan grande como un océano o la selva amazónica. Cada ecosistema está constituido por una comunidad de plantas, animales y un medio físico (ecotopo) que proporciona a los seres vivos los nutrientes, agua y sustancias necesarias para la vida. El ecosistema está delimitado por el clima, la altitud, el agua, las características del suelo, la radiación solar y otras características físicas. La energía necesaria para todos los procesos de la vida en el planeta Tierra proviene de la luz solar. Las plantas convierten la luz solar en materia orgánica por un proceso llamado fotosíntesis, y de este modo crecen y se reproducen. Los animales herbívoros se alimentan y obtienen de las plantas energía para su crecimiento y desarrollo. A su vez, dichos animales sirven de alimento y fuente de energía a los animales llamados predadores. Hay animales –como el hombre– que son omnívoros, es decir, que se alimentan tanto de vegetales como de otros animales. Esta cadena de sucesos se denomina "cadena trófica" que adopta una estructura piramidal. Es decir, a lo largo de un año, uno o dos humanos (situados en la cúspide de la pirámide antes referida) han consumido varios centenares de kilos de animales y plantas, y esos animales han consumido a su vez varias toneladas de plantas. Es, por tanto, obvio que toda la vida en nuestro planeta se sustenta, exclusivamente, a través de la vida vegetal.

Las moléculas y sustancias que constituyen los seres vivos, cuando estos mueren, son degradadas y se incorporan a los suelos y aguas, que posteriormente, gracias a la energía solar, se convierten en vegetales y mas tarde en animales. Este ciclo vital se reitera millones de veces desde que existe vida en nuestro planeta. Los átomos y moléculas pasan indefinidamente e indiscriminadamente del mundo inerte a las plantas y animales. Y esto será así mientras llegue energía solar a la Tierra y no haya interferencias que rompan este ciclo vital.

Una de las interferencias de los ciclos vitales es, precisamente, la "contaminación" de los aires, suelos o aguas, que tiene efectos negativos en algún punto de los ciclos vitales, altera el funcionamiento de la naturaleza, reduce la biodiversidad e incluso merma los recursos naturales. En situaciones extremas, la contaminación puede llegar a romper el equilibrio del ecosistema, cuando no destruirlo irreversiblemente. Cuando un ecosistema o comunidad de seres vivos es estable a lo largo del tiempo y del espacio, decimos que ha llegado a su clímax. Cuando las selvas, bosques, ríos, lagos, mares, llegan a su clímax, asumimos que su futuro y el de los servicios ambientales y ecológicos que aportan son irreversibles y permanentes. A principios del siglo XX se consideraba que los ecosistemas del planeta estaban en su clímax y podían existir indefinidamente. Hoy día ya no podemos sostener esta creencia ya que los cambios climáticos, la contaminación, la deforestación, el menoscabo de los recursos marinos, la urbanización progresiva, el consumo creciente de recursos por parte del hombre y otros factores, ponen en peligro el clímax de la Naturaleza. **Es patente que el clímax (o equilibrio dinámico) del planeta, no puede coexistir con la creciente presión humana** (8). Ha sido precisamente esta reflexión, unas de las causas básicas que han dado origen a la ecoética (el concepto de ecoética se desarrolla mas adelante en la sección 9.1).

Ante estos planteamientos no cabe ninguna duda que la Naturaleza constituye no sólo un bien común, sino que su alteración a partir de un cierto nivel compromete la calidad de vida, cuando no la supervivencia y persistencia de la humanidad y de todos los seres vivos. Ante esta perspectiva, debemos afirmar con toda la contundencia que sea posible, que para los poderes públicos la protección de la Naturaleza, en su conjunto, debe ser uno de los objetivos prioritarios del ordenamiento jurídico. Es decir, un bien jurídico autónomo que debe protegerse en paralelo a la protección de la vida humana.

La salud pública y el medioambiente, son responsabilidad primaria de los poderes públicos de los estados tanto en el ámbito de la Unión Europea como en España, tal y como dispone la Constitución Española. Las estrategias y políticas en salud pública se basan en los conocimientos científicos

---

8 Consultar notas 4, 5 y 6

más avanzados obtenidos a partir de diferentes disciplinas, tratándose por tanto de una actividad multidisciplinar, eminentemente social, cuyo objetivo final es la salud de la población.

La salud pública de los consumidores y usuarios es el conjunto de condiciones objetivas que aseguran el bienestar físico y psíquico de los ciudadanos. El concepto de salud pública abarca tanto la sanidad como la salubridad y la higiene, e incluso debe comprender el riesgo para la vida y/o la integridad física. En todo caso, para concretar el concepto de salud pública es necesario partir de un determinado concepto de salud individual. Una definición en consonancia con la sociedad actual, nos la proporciona la Organización Mundial de la Salud (OMS) que en su Constitución de 1946, define la "Salud" como el estado de completo bienestar físico, mental y social, y no solamente la ausencia de afecciones o enfermedades. La salud implica que todas las necesidades fundamentales de las personas estén cubiertas: afectivas, sanitarias, nutricionales, sociales y culturales. Esta definición es para muchos utópica, pero en cualquier caso sí que es difícilmente alcanzable, dado que se estima que con estos criterios sólo entre el 10 y el 25 % de la población mundial se encuentra completamente sana. Nos encontramos aquí ante una situación que volverá a aparecer mas adelante en otros aspectos éticos y es que las definiciones de los derechos pueden llevarnos a situaciones inviables o muy distantes de ser aplicables incluso con la mejor de las voluntades, si de modo paralelo no existen o no se implementan los recursos necesarios para satisfacer esos derechos.

Ante la dificultad de definir el concepto "salud", puede ser más útil conocer y analizar sus determinantes. La salud en términos físicos, forma parte de uno de los pilares de la calidad de vida, bienestar y en definitiva de la felicidad. En la actualidad se ha pasado de un concepto objetivo de salud, entendida como probabilidad de vida, a uno subjetivo en el sentido antes señalado de bienestar físico y psíquico. Desde la medicina no se pretende tanto la prolongación de la vida, o al menos no sólo, como la calidad de vida. Este cambio de 180 grados en el concepto de salud (salud objetiva = probabilidad de vida se convierte en salud subjetiva = bienestar físico y psíquico) se recoge tanto en la legislación actual en materia de Derechos del paciente como en los Códigos deontológicos.

Es de dominio público que la salud pública se ve afectada en gran medida por el medioambiente tanto si se considera exclusivamente como el soporte, entorno o ecotopo de la vida, como si incluye a los seres vivos y sus interacciones y la ecología. Esta afectación viene dada por un elemento crucial: el hombre sólo puede vivir y existir en cuanto se relaciona de modo harmónico con el medio ambiente y con el resto de seres vivos de la Naturaleza. Entendemos que los conceptos de medioambiente y salud pública representan cada uno de ellos aproximaciones conceptuales diferentes según se enfoquen o traten bajo el prisma ético, científico, político o incluso jurídico.

Anteriormente, ya hemos explicitado claramente que la vida en este planeta es un fenómeno interrelacionado por el cual todos los humanos son dependientes de la flora y la fauna. Además, ha quedado claro que la totalidad de la fauna es estrictamente dependiente de la flora, y que el comportamiento y modos de vida humanos inciden de manera muy importante en la Naturaleza en todo su conjunto. También hemos visto que desde el punto de vista científico y médico la salud pública tiene una clara vinculación con la Naturaleza en general y de modo particular con su entorno físico y biológico más inmediato. El comportamiento del hombre y la sociedad inducen claros cambios en su entorno físico (agua, aire y suelo). Cuando estos cambios adquieren ciertas dimensiones, el propio entorno físico (o medioambiente en el sentido restrictivo de la palabra) puede afectar negativamente a la salud pública en un sentido amplio.

5. Consumo, consumismo y sostenibilidad: algunos cálculos sencillos.

Las relaciones entre el impacto medioambiental y el crecimiento económico fueron modelizadas por Paul Ehrlich y John Holdren en 1971 [9] y la adaptación moderna de su ecuación es la siguiente:

$$Ima = P \times Cpc \times Rpc \; [1]$$

siendo: Ima, el impacto medioambiental; P, la población, Cpc, el consumo *per capita*; **R**pc, la contaminación y producción de residuos por unidad de consumo (*per capita*). Por tanto en su versión simplificada quedaría reducida a la expresión:

$$Ima = P \times Cpc.$$

Es obvio que en esta ecuación la reducción del impacto ambiental que pueda originarse por la mejora de la tecnología, puede y de hecho queda compensada y superada por el aumento del consumo *per capita*. A partir de este plan-

---

9   D.A. Anderson. Environmental Economics and Nature Resource Management. 2nd Edition. Pensive Press, LLC. Danville, KY, USA, página 217.

teamiento, puede definirse que la restricción al desarrollo o el criterio para el desarrollo sostenible ha de cumplir la ecuación

$$\sum P \times a \leq S$$

([10]), donde "a" son los recursos *per capita* y S son los recursos totales disponibles. Si S es finito y a positivo, es obvio que existe un límite a la población humana, aunque ese límite dependería de la degradación de recursos por cápita. De lo que se puede derivar que, en un sentido estricto, solo una economía humana basada únicamente en recursos renovables y en los ciclos cerrados de la naturaleza puede ser indefinidamente sostenible. Esta última formulación queda reflejada en términos políticos en los postulados que sostienen los ecologistas radicales o "deep ecologists" (más adelante en varias secciones, hablaremos de los planteamientos políticos ecologistas). Estas simples ecuaciones son una demostración matemática de que los problemas medioambientales no son más que una consecuencia del aumento de la población y/o del aumento del consumo per capita. Precisamente el prestigioso ecólogo Paul R. Ehrlich, recientemente Premi Internacional Ramón Margalef d´Ecologia 2009, dijo: **«Humans In Biosphere: can we do better to avoid the global collapse?»** (Humanos en la Biosfera: ¿podemos hacerlo mejor para evitar el colapso global?).

En este contexto, muchos expertos consideran que el control de la población y del consumo puede ejercerse a través del mercado, incrementando los precios de los recursos o los productos que devengan escasos y de este modo se podría

10 J. Martínez Alier y J. Roca Jusmet. 2001. Economía ecológica y política ambiental. 2da Edición. Fondo de Cultura Económica, Méjico, pág. 368

reducir la escalada de la población, el consumo y el impacto ambiental. La demostración de este paradigma en el caso concreto del consumo de energía fue demostrado en 1996 por el Nobel canadiense William S. Vickrey ([11]). En esta misma línea argumental, W.S. Vickrey desarrolló la teoría de la "congestión de precios" (congestion pricing), por la que las carreteras y otros servicios públicos deberían tener un precio de modo que los usuarios visualizasen que los costes del servicio utilizados en su totalidad suben mientras haya demanda. Esta congestión de precios, es la manera de dar una señal a los usuarios para que ajusten su comportamiento o a los inversores para que aumenten el servicio con vistas a disminuir o eliminar la saturación. Esta teoría fue la que hace unos años se aplicó parcialmente en la decisión de penalizar económicamente la entrada del tráfico rodado privado en el área de Londres. Obviamente las preguntas éticas que nos surgen de inmediato son: i) ¿Es ético controlar el consumo y la demografía a través de instrumentos económicos? y ii) ¿Qué elementos de la economía deberían ser controlables desde la perspectiva ética?

5.1. Concepto de consumo.

Consumo (del latín: *cosumere* que significa gastar o destruir) es la acción y efecto de consumir o gastar, productos de vida efímera, como la energía o los alimentos. Se entiende por consumir, el hecho de destruir o utilizar bienes para satisfacer necesidades o deseos, o gastar energía o un producto energético.

---

11 D.A. Anderson. 2006. Environmental economics and Nature resource management. 2nd Edition. Pensive Press, Danville, KY, USA, página 165.

En términos puramente económicos se entiende por consumo la etapa final del proceso económico, especialmente del productivo, definida como el momento en que un bien o servicio produce alguna utilidad al sujeto consumidor. En este sentido hay bienes y servicios que directamente se destruyen en el acto del consumo, mientras que con otros lo que sucede es que su consumo consiste en su transformación en otro tipo de bienes o servicios diferentes. El consumo, por tanto, comprende las adquisiciones de bienes y servicios por parte de cualquier sujeto económico (tanto el sector privado como las administraciones públicas). Significa satisfacer las necesidades presentes o futuras y se le considera el último proceso económico. Constituye una actividad de tipo circular en tanto en cuanto que el hombre produce para poder consumir y a su vez el consumo genera producción.

El mercado nos presenta el consumo como un acto de bienestar y de satisfacción de necesidades y deseos. No obstante, es el propio mercado él que impone el consumo para que la cadena de producción no se detenga. Sin embargo desde el punto de vista antropológico, el consumo puede considerarse como «el conjunto de procesos socioculturales en los que se realizan la apropiación y los usos de los productos». Debe subrayarse que la diferencia entre ciudadanos y consumidores la marca el hecho de que los valores son los criterios fundamentales de los primeros, mientras que los precios y las cantidades dinerarias a disponer son los criterios de los segundos. Es obvio por tanto, que la ética de valores deviene un elemento central y crucial en los planteamientos medioambientales.

5.2. Los determinantes del consumo.

Los estudios económicos muestran que la renta es el principal determinante del consumo y del ahorro. Los ricos ahorran más que los pobres, tanto en términos absolutos como en términos porcentuales. Las personas muy pobres no pueden ahorrar nada; más bien, si tienen alguna riqueza o pueden pedir préstamos, tienden a "desahorrar". Es decir, tienden a gastar más de lo que ganan, reduciendo así el ahorro acumulado o endeudándose más. Esta es básicamente la teoría expuesta por Keynes ([12]). Es decir, las principales fuerzas que afectan al gasto de los consumidores son las condiciones de vida. En cualquier caso la renta o riqueza acaba transformándose en consumo ya sea directamente o con un desfase en el tiempo cuando la renta se transforma en ahorro que mas tarde o mas temprano conducirá a un tipo u otro de consumo, ya que nadie trabaja ni aumenta sus rentas sin pensar en los logros (aunque sean ilusorios) que esa acumulación de renta le puede deparar.

Estadísticamente se ha comprobado que la renta y el consumo son variables que avanzan conjuntamente. A título de ejemplo si se observa lo ocurrido en Estados Unidos a lo largo del periodo posterior a la crisis de 1929 hasta el siglo XXI muestra en qué grado ha seguido el consumo a la renta anual disponible. La única etapa en la que la renta y el consumo no variaron al unísono fue durante la Segunda Guerra Mun-

---

12 John M. Keynes (1883-1946) economista británico, cuyas ideas han tenido gran repercusión en la economía y la política económica modernas. Keynes y sus seguidores proponen el uso de políticas fiscales y monetarias activas intervencionistas para mitigar los efectos adversos de las recesiones y crisis cíclicas.

dial, en la que escasearon y se racionaron los bienes y se instó a los ciudadanos a ahorrar para contribuir al esfuerzo bélico. Tanto la observación como los estudios estadísticos muestran que el nivel de renta disponible anual es el factor más importante que determina el consumo de un país en su conjunto y de los ciudadanos como individuos. Vemos pues que el consumo es primero y ante todo, una necesidad en las sociedades pobres y por ende un impulso profundo e inherente al ser humano, que se manifiesta espontáneamente en cuanto se tiene la opción (si se dispone de una renta). Bajo este prisma, el consumo constituye una manifestación primaria de la libertad, en la que obviamente dado que la libertad define un deber, la opción a consumir mas o menos o a derivar el consumo en una u otra línea, es el resultado de la interacción permanente entre libertad y deber. Por un lado, el hombre consume desde el punto de vista biológico, pero por otro sus decisiones de consumo van más allá de la necesidad causal y entran en el entorno del libre albedrío que es por tanto difícil de predecir.

Los consumidores suelen elegir sus niveles de consumo con la vista puesta en las perspectivas tanto de la renta de que disponen tienen en cada momento como de la renta que prevén tener a largo plazo. Para comprender que el consumo depende de las tendencias de la renta a largo plazo, los economistas han desarrollado la teoría de la renta permanente y la hipótesis del ciclo vital:

• La renta permanente es el nivel de renta que percibiría una economía doméstica cuando se eliminan las influencias temporales o transitorias, como la climatología, un breve ciclo económico o unos beneficios o pérdidas extraordinarios. Según la teoría de la renta permanente, el consumo responde principalmente a la renta permanente.

Este enfoque implica que los consumidores no responden de la misma manera a todas las perturbaciones de la renta. Si una variación de la renta parece permanente (por ejemplo, en el caso de un ascenso a un puesto de trabajo seguro y bien remunerado), los consumidores tienden a consumir una gran parte del aumento de la renta. En cambio, si la variación es claramente transitoria (por ejemplo, si se debe a una prima salarial percibida una sola vez o a una buena cosecha), es posible que se ahorre una parte significativa de dicha variación.

• La hipótesis del ciclo vital supone que los individuos ahorran para luego consumir a lo largo de toda su vida. Un importante objetivo es tener una renta suficiente para la jubilación. De ahí que el ciudadano tienda a ahorrar mientras trabaja con el fin de tener una determinada cantidad de dinero acumulado para gastarlo durante la jubilación. Esta hipótesis implica que un programa como por ejemplo el de la Seguridad Social, que ofrece una generosa renta complementaria para la jubilación, reduce el ahorro (y por tanto aumenta el gasto) de los trabajadores de edades intermedias, ya que no necesitan ahorrar tanto para la jubilación.

• Un importante determinante de la cantidad de consumo es la riqueza. Consideremos el caso de dos consumidores, que ganan ambos 25.000€ al año. Uno tiene 100.000€ en el banco, mientras que el otro no tiene ningún ahorro acumulado. El primero puede consumir parte de su riqueza, mientras que el segundo no tiene riqueza alguna a la que recurrir. El hecho de que la mayor riqueza provoque un mayor consumo se denomina efecto riqueza.

Normalmente, la riqueza no varía rápidamente de un año a otro, por lo que el efecto-riqueza raras veces provoca grandes variaciones en el consumo. Sin embargo, de cuando en cuando hay excepciones. Cuando las bolsas de valores cayeron después de 1929, se vinieron abajo las fortunas y los grandes accionistas se empobrecieron de la noche a la mañana. Muchos ricos se vieron obligados a reducir su consumo. Del mismo modo, cuando se dispararon las cotizaciones de la bolsa a mediados de los años ochenta y se triplicó la riqueza de muchas personas después de 1982, probablemente el consumo se vio fomentado por la afluencia de riqueza que percibió la gente.

En España también tenemos un ejemplo del efecto riqueza causado por el incremento de los precios de los inmuebles en los primeros años del siglo XXI que junto a otros factores ha creado un auge del consumo, especialmente de determinados bienes. Según la teoría de la renta relativa, la renta de una familia dedicada al consumo depende del nivel de su renta relativa frente a la renta de las familias vecinas o de otras familias con las que aquella se identifica y no del nivel absoluto de la renta de la familia. Esta teoría desarrollada por Duesenberry trata de recalcar el carácter imitativo o emulativo del consumo, también denominado consumo posicional. De acuerdo con Martínez Alier y Roca Jusmet ([13]), las inversiones actuales no necesariamente harán mas ricos o mas felices a las generaciones futuras, sobre todo si esas inversiones se fundamentan en la destrucción de recursos o servicios ambientales. De este modo, ese tipo de inversiones harán que las generaciones futuras sean más pobres. Es decir no es tan

---

13   J. Martínez Alier y J. Roca Jusmet. 2001. Economía ecológica y política ambiental.   2da Edición. Fondo de Cultura Económica, Méjico, pág. 211

importante disponer de dinero, como disponer de bienestar. Estos tecnicismos de la teoría económica ya nos permiten ver el calado filosófico y ético de las siguientes preguntas:

- A nivel individual-familiar y desde el punto de vista ético-filosófico ¿qué debería hacerse con el ahorro? ¿Deberíamos o no ahorrar? ¿Vale la pena ahorrar?

- Desde el punto de vista social ¿Qué hace la sociedad con los ahorros de los ciudadanos? ¿Hasta qué punto es éticamente lícito condicionar el binomio consumo-ahorro a corto, medio y largo plazo?

Una primera conclusión de este conjunto de hechos, planteamientos y razonamientos **es que el único mecanismo que reduce el consumo sin paliativos es la disminución de la riqueza. Semejante paradigma nos conduce a la pregunta: ¿Sería ético establecer mecanismos que impidiesen generar riqueza para paliar los negativos efectos ecológicos del consumo? La respuesta a esta pregunta se va a elaborar a lo largo de las siguientes secciones.**

5.3. Consumismo.

Consumismo es un término que se utiliza para describir los efectos de igualar la felicidad personal a la compra de bienes y servicios o al consumo en general. El caso es ejemplificado por la frase "cuanto más consumo, más feliz soy". El término consumismo también se refiere al consumo desmedido de bienes y servicios en la sociedad contemporánea que impacta seriamente en los recursos naturales y el equilibrio ecológico. Prueba de ello es el hecho de que el consumo de recursos de la sociedad estadounidense, de aplicarse en todo el planeta, requeriría los recursos de al menos dos planetas como la Tierra para sustentarlo.

La palabra consumismo proviene del latín: *cosumere* que significa gastar o destruir y de la palabra ismo del latín *ismus* y este del griego *ισμος* (ismos), sufijo que formaba sustantivos de acción a partir de verbos y que describe actualmente una tendencia innovadora, especialmente en el pensamiento y en el arte. El consumismo inicia su desarrollo y crecimiento a lo largo del siglo XX como consecuencia directa del capitalismo y de la mercadotecnia asociada, que tiene como uno de sus objetivos crear nuevas necesidades en el consumidor para de este modo aumentar las ventas de los productos. El consumismo se ha desarrollado principalmente en el mundo occidental haciendo popular el término antropológico social de "sociedad de consumo", que se refiere al consumo masivo de productos y servicios por una sociedad determinada.

El problema surge cuando debe decidirse el criterio moral para proponer o oponerse a un u otro tipo de consumo (o consumismo) y como se aplica esa posible casuística moral. Para mucha gente, el uso de la palabra consumismo tiene necesariamente una carga política, ya que, casi siempre, el que utiliza las palabras consumismo y consumo excesivo lo hace para criticar lo que considera consumo innecesario en otras personas. Una manera distinta de interpretar la palabra "consumismo" es considerarla como una crítica a la organización de la economía de una sociedad que, aunque tal como está ahora, funciona a satisfacción tanto de los consumidores como de los productores. Podría decirse, que esa sociedad en su conjunto "despilfarra" ciertos recursos. Un ejemplo es el uso de los envases y las bolsas de plástico. El método de usar y tirar por ejemplo, es más cómodo e higiénico para los consumidores e incrementa los ingresos de los comerciantes, pero desde el punto de vista del funcionamiento de la economía en su conjunto desperdicia una serie de recursos que antes se aprovechaban mejor o no se consumían. Algunos argumentan que los gastos jamás son innecesarios en la opinión del que hace el gasto. Por ejemplo, una persona considera que comprar un coche por diez mil euros es innecesario porque existe otro de cinco mil que ya cubre sus necesidades, entonces comprará el de cinco mil. Si compra el de diez mil es sólo porque el de diez mil, considera que cubre mejor sus necesidades que el de cinco mil.

El exceso de consumo es también, la consecuencia de un comportamiento ancestral desarrollado y seleccionado en los albores de la humanidad ante las enormes dificultades para alimentarse y tener enseres. Hoy día esas dificultades ya no existen o no se formalizan de la misma manera. Sin embargo el comportamiento medioambiental genético y cultural sigue teniendo la compulsividad de nuestros ancestros, con dos elementos potenciadores que son propios del siglo XX: i) la maquinaría tecnológica actual puede producir sin mayores dificultades casi todas nuestras demandas de consumo y ii) los perversos mecanismo de publicidad, moda y marketing que generan necesidades o simplemente son "fabricas de consumidores" que generan necesidades no justificables ni biológicamente ni éticamente. El sistema económico forma parte y se alimenta de un sistema más amplio, que es la naturaleza o biosfera. No existe economía posible sin recursos naturales, agua, energía, materias primas, etc. Los ecosistemas no solo proporcionan recursos, si no que adsorben y reciclan residuos, por tanto sin la "infraestructura de los ecosistemas", ni la vida humana ni la economía sería posible. Sin embargo para entender el porque la economía actual se ha hecho no sostenible, hemos de analizar dos cambios históricos en el funcionamiento de la economía:

1)   Las economías modernas y de modo especial las ricas tienen un funcionamiento radicalmente diferente al de los ecosistemas naturales. Tanto las economías antiguas (durante la mayor parte de la Historia de la humanidad) como los ecosistemas únicamente usan la energía renovable del sol y los materiales son utilizados de forma cíclica. En cambio las economías modernas y de los países ricos utilizan energías fósiles y los materiales se utilizan siguiendo flujos lineales (no cíclicos), ya que los residuos no se reciclan o se reciclan minimamente.

2)   La segunda gran diferencia es que las economías modernas se basan en una escala cada vez mayor y por lo tanto consumen los recursos rápidamente y una vez consumidos (yacimientos, bosques, suelos fértiles, etc.) se desplazan para repetir la operación en territorios nuevos. Es lo que Boulding en los años 1960 denomino "la economía del cow-boy", que ve el desarrollo económico como si siempre existiesen nuevos territorios a explotar sin fin posible. Este paradigma se contrapondría al de "el astronauta en la nave espacial (simbolizando a nuestro planeta Tierra)" que solo trata de explotar unos recursos limitados (los que transporta la nave, es decir los que tendría el planeta) y reciclarlos en la manera mas eficiente.

Dado que el ritmo de consumo actual de los recursos naturales no renovables (en particular combustibles fósiles, recursos marinos, masas forestales, biodiversidad y minerales) no parece tener freno, es obvio que esas pautas de consumo no pueden ser universalizables ni a corto ni a medio plazo. Además esa universalidad de comportamiento niega la posibilidad de ser a ciertas poblaciones humanas actuales y a las futuras generaciones. En otras palabras y de acuerdo con el imperativo categórico de Kant, las prácticas de consumo deben ser autónomas, emancipadoras y universales, es decir lo que sea bueno para uno o unos, debe serlo para todos. Bajo esta perspectiva es obvio que el modelo de consumo neoliberal, ni es autónomo, ni emancipador, ni universalizable. El imperativo categórico de Kant ([14]) explicita que "Obra de tal modo que puedas querer también que tu máxima se convierta en Ley universal". Desde la perspectiva de una ecoética avanzada que Kant no podía ni sospechar, ese imperativo tendría que tener la apostilla de que "se convierta en Ley universal perdurable o aplicable a todas las generaciones futuras", pues sin esa apostilla y tal y como vamos observando, los recursos naturales no renovables se van consumiendo, el medio ambiente se daña de modo cada vez mas difícilmente reversible y vamos a privar a las generaciones futuras de esos recursos, obligándolas a vivir en unas condiciones medioambientales que para nosotros serían inaceptables. Ante esta perspectiva se plantean dos problemas:

i) ¿qué dimensión temporal tendría el término "perdurable"? Desde el punto de vista de la astrofísica actual el Sol se extinguirá en unos 5.000 millones de años y por tanto la vida del planeta Tierra (al menos tal y como hoy la conocemos) también. Por tanto parecería conveniente precisar si esa perdurabilidad se extendería a esos 5.000 millones de años o a un periodo inferior y cual sería el criterio para tomar esa decisión.

ii) dado que conservar los recursos actuales en su integridad es imposible o exige grandes sacrificios (tanto desde el punto de vista social como biológico) ¿en qué medida las generaciones presentes deben hacer ciertos sacrificios en aras de una sociedad que todavía no conocemos?

____

14 Immanuel Kant (1724-1804), filósofo alemán nacido en Prusia. Se le considera como uno de los pensadores más influyentes de la Europa moderna y de la filosofía universal. El imperativo categórico es un concepto central en su ética y también en la ética moderna. Se define como un mandamiento autónomo y no dependiente de ninguna religión ni ideología, capaz de regir el comportamiento humano en todas sus manifestaciones.

Ante estos interrogantes, sólo nos queda la opción de aplicar el **principio de precaución** ([15]), que es un concepto que respalda la adopción de medidas protectoras cuando no existe certeza científica de las consecuencias para el medio ambiente de una acción determinada. Es preciso decir con toda claridad que ni de hecho ni en teoría, nunca existe la absoluta certeza de que algo suceda y por tanto debemos asumir el principio de incertidumbre de la tecnociencia. Por tanto, el mismo principio de precaución genera tensiones ya que estadísticamente nunca se va a tener la certeza de que un riesgo medioambiental se produzca o que jamás llegue a darse.

Por lo tanto la aplicación del principio de precaución exige la adopción de un criterio moral y universal previo a la evaluación científica. Las dificultades a la hora de integrar principios morales dirigidos a la evaluación científica son tanto mayores cuanto mayor sea la diferencia de riqueza y desarrollo socioeconómico. Una dificultad mayor es que a la hora de pensar en estos principios de precaución que en buena lógica además de contener universalidad moral deben aspirar a los máximos posibles, surge la conciencia de que nadie puede moralmente aspirar a obtener el máximo posible (de riqueza, recursos, etc.) en términos absolutos, dado que eso sólo lo podría conseguir un individuo (o grupo) a expensas de que nadie más lo alcanzase.

---

15 El principio de precaución en materia ambiental se distingue del principio de prevención porque el primero exige tomar medidas que reduzcan la posibilidad de sufrir un daño ambiental grave a pesar de que se ignore la probabilidad precisa de que éste ocurra, mientras que el principio de prevención obliga a tomar medidas dado que se conoce el daño ambiental que puede producirse. El principio de "precaución" o también llamado "de cautela" exige la adopción de medias de protección antes que se produzca realmente el deterioro del medio ambiente (lo mismo sería aplicable a los riesgos o daños a la salud humana), operando ante la amenaza a la salud o al medio ambiente y la falta de certeza científica sobre sus causas y efectos.

Hemos de reconocer que por ejemplo, las demandas actuales de agua, energía u otros elementos del consumo se plantean independientemente del poder adquisitivo y de la disponibilidad real del recurso demandado. Las personas en general se proponen comprar en mayor medida de lo que su verdadera capacidad de compra les permite y en el límite de lo que la Naturaleza puede proporcionar. Asumiendo que las demandas de agua, energía y alimentos son *a priori* una necesidad y por tanto un derecho, todo el mundo debería tener acceso a una parte de ellos, aunque también parece evidente que es no ético que un exceso de consumo o acaparamiento privase de los mínimos a otras personas. Este argumento sin embargo, choca con dos dificultades:

i)   Definir cuales son los mínimos y desde que criterio o perspectiva. Por ejemplo: ¿los mínimos necesarios son los mismos en el mundo desarrollado que en el que está en vías de desarrollo?; ¿todos los ciudadanos tienen las mismas necesidades? Las sociedades que existen y se desarrollan en climas secos o áridos ¿tienen las mismas necesidades mínimas (y por tanto los mismos derechos) que las sociedades que viven en entornos con grandes excedentes de agua y energía?

ii)   La experiencia demuestra que unos precios bajos o gratuitos de los recursos básicos como el agua o la energía conllevan automáticamente un enorme incremento del consumo, abocando al colapso medioambiental, como ya se ha vista en las recientes crisis de agua y energía en Cataluña. Ello es debido a que la población en general identifica precio a valor (ver sección 10.4) y por tanto lo que es barato o gratuito deja de ser valorado.

Si los recursos constituyen una necesidad básica y son por tanto un derecho, tendrá que reconocerse su alto valor, pero difícilmente podrán tener un precio, desde la perspectiva ética. Sin embargo y también desde planteamientos éticos, puede ser un deber aumentar el precio de los recursos básicos para minimizar su despilfarro y evitar llegar al colapso. Estos problemas se agravan cuando se contempla el hecho de que el fácil (y barato) acceso al agua, energía, transporte, alimentos y un largo etcétera en las sociedades modernas, hace que el consumo no tenga prácticamente límite, a pesar de que obviamente estos productos y servicios sí tienen límites materiales y que además muchas personas apenas tengan acceso a ellos. La percepción por parte de la ciudadanía de las sociedades avanzadas de que los recursos naturales tienen un precio que los hace muy accesibles y que además ese precio no corresponde a la escasez del producto ni al hecho de que haya muchos millones de personas que no puedan acceder, no ayuda a que podamos llegar a establecer unos imperativos de consumo que sean universalizables ni en el espacio ni en el tiempo.

En la medida de que el consumo es barato y no requiere un particular esfuerzo físico y lo que hoy es fácilmente accesible pero dentro de un tiempo no lo será, probablemente implicará que entonces tengamos que luchar por ello. Entonces la selección natural (o la ley de la jungla), nos llevará de nuevo a los tiempos en el que el más fuerte y el más capaz ganará la batalla de los recursos. Los demás posiblemente perecerán o volverán a la economía de subsistencia y total dependencia de los poderosos. La escasez cuando no privación de recursos que se vivía en la época pre-agraria o en la edad media, era sin lugar a dudas un estímulo para reducir cuando no controlar el consumo, siendo la reserva y la previsión, las únicas garantías de supervivencia hacia el futuro. El contacto directo con los recursos generaba ese tipo de estímulos (control y reserva), inhibiendo los despilfarros y acentuando los mecanismo de solidaridad y trabajo mancomunado.

Los mecanismos en los que se basa el consumo actual no perciben el proceso de disminución de recursos vinculados. Los individuos cada vez quieren consumir más y más y asumen que tiene todo el derecho a hacerlo y que las autoridades son las responsables de que "sus derechos" al consumo sin freno no se menoscaben.

5.4. Condiciones para que haya desarrollo sostenible.

El término **desarrollo sostenible, perdurable** o **sustentable** se aplica al desarrollo socio-económico y fue formalizado por primera vez en el documento conocido como Informe Brundtland (1987), fruto de los trabajos de la Comisión Mundial de Medio Ambiente y Desarrollo de Naciones Unidas, creada en Asamblea de las Naciones Unidas en 1983. Dicha definición se asumiría en el Principio 3. º de la Declaración de Río (1992) [16]: **"Satisfacer las necesidades de las generaciones presentes sin comprometer las posibilidades de las del futuro para atender sus propias necesidades".** Queremos dejar muy clara nuestra posición respecto al futuro sostenible y compartir la posición de muchos otros [17] en la que claramente se considera el crecimiento de la población humana como el primer factor que limita el desarrollo sostenible y que el crecimien-

16 Ver la web: http://www.un.org/esa/dsd/agenda21_spanish/res_riodecl.shtml
17 R. Hopfenberg and D. Pimentel 2001. Human population numbers as a function of food supply. Environment, Development and Sustainability 3, 1-15.

to de la población humana está vinculado biológicamente al incremento de la producción de alimentos. Desde diferentes campos científicos se ha demostrado que todos los animales tienden a incrementar y convertir tantos recursos como les es posible en ellos mismos y su progenie, postulado inicialmente propuesto y defendido por Darwin en 1859. Es por tanto evidente que ya estamos ante un dilema moral que no dejará de reformularse a lo largo de este trabajo desde situaciones muy diversas que van desde la ecología básica a la economía pasando por el comportamiento humano. Una de las primeras dificultades del término sostenibilidad y los conceptos que de ese término se pueden derivar, es que hasta la fecha no ha habido consenso a la hora de explicitar ni a nivel político ni a nivel socio-económico las condiciones y características cuantitativas y cualitativas que definen el término. Como consecuencia de ello, las tendencias en producción y consumo continúan moviéndose en líneas generales hacia la dirección de la no sostenibilidad. Nosotros argüimos junto con S. Owens ([18]) que no puede adoptarse un concepto de sostenibilidad de aceptación global sin antes tomar decisiones políticas y éticas fundamentales.

Uno de los problemas básicos a la hora de acordar un concepto ética y políticamente aceptable es que estamos hablando de las necesidades humanas y de las necesidades humanas de las generaciones presentes y de las venideras. Como veremos mas adelante y de modo especial en el apartado de dilemas, esas necesidades no sólo plantean profundos problemas éticos, si no también dilemas científicos. Y para adelantar solamente uno de los primeros interrogantes filosóficos que se ampliará a lo largo de este ensayo, nos preguntamos cómo puede plan-

---

18 S. Owens. 2003. Is there a meaningful definition of sustainability? Plant Genetic Resources 1, 5-9.

tearse y resolverse los significados de los siguientes conceptos: necesidades humanas, valores (de la naturaleza) a proteger y en que circunstancias unos valores deben protegerse y otros no. Es decir la concatenación de la dimensión económica de la sostenibilidad con las consideraciones sociales y la protección ambiental configuran unos problemas fundamentalmente filosóficos y éticos, que se perciben como de ardua solución al entrar en conflicto entre ellos. Como muy acertadamente decía I. Berlin ([19]): "not all good things are compatible, still less all the ideals of mankind" (No todas las cosas buenas son compatibles, y todavía menos todos los ideales de la raza humana). Es decir una pregunta genérica y lacerante hoy por hoy es sí tiene sentido ético aspirar a que todos los ideales humanos (ecológicos o no) se alcancen.

Una de las primeras críticas que debe hacerse al uso del término desarrollo sostenible (tanto por la clase política como por una inmensa mayoría de medios de comunicación y divulgación en el área de la economía) es la frecuente identificación de la expresión de "desarrollo sostenible o durable" con la de "crecimiento sostenible". El término desarrollo (en especial en su utilización en el ámbito económico y político) puede significar evolución, cambio o incluso mejora. Contrariamente, el crecimiento sostenible implica una preocupación por la sostenibilidad pero de modo contradictorio ya que crecimiento significa aumento del consumo siendo por tanto difícilmente compatible o al menos contradictorio con el "desarrollo" que no forzosamente implica consumo. En la línea de estos comentarios, se sitúa una estrategia muy publicitada en medios políticos que en aras de la remediación de la crisis económica

19 I. Berlin. 1969. Two concepts of Liberty. En: Four Assays on Liberty por I. Berlin, Oxford University Press, London. Nueva edición en Berlin, 2002, página 167.

actual y asumiendo que un primer paliativo a esa crisis es la inversión publica, se magnifica el valor de las inversiones en cambios de producción y consumo energético, en fomentar el transporte público, en priorizar el aislamiento de los edificios y otras actuaciones como medida para crear empleo. Es obvio que deben aplaudirse esas medidas, pero no sin dejar de resaltar el aspecto negativo de que esas inversiones no se han planteado como componentes de una transición de la sociedad actual consumista a otra nueva o al menos diferente que sea más sostenible. Estas actuaciones políticas inicialmente o aparentemente "verdes" están planteadas y ejecutadas como un nuevo motor del desarrollo y el consumismo y en ningún caso están pensadas para iniciar una transición hacia el desarrollo sostenible.

Desde la tribuna de la política liberal y electoralista actual las políticas generadoras de desarrollo sostenible como pueden ser producir menos coches o de menor potencia, o utilizarlos menos, reducir la publicidad, estimular formas de vidas más austeras, son propuestas demonizadas por no generar mas puestos de trabajo. Es por tanto pertinente desde una perspectiva ética, dejar de utilizar la expresión de "crecimiento económico" es decir crecimiento del PIB [20] como algo siempre deseable y que de algún modo sea compatible con el desarrollo sostenible. Entendemos que el desarrollo sostenible es la única opción a corto o a medio plazo para evitar una verdadera crisis de dimensiones catastróficas, no

---

20 El PIB o Producto Interior (o Interior) Bruto, es el valor monetario total de la producción corriente de bienes y servicios de un país durante un período de tiempo (normalmente un año). El PIB es un flujo y contabiliza sólo los bienes y servicios producidos durante el período de referencia. El PIB no contabiliza los bienes o servicios que son fruto del trabajo informal (trabajo doméstico, intercambios de servicios entre conocidos, etc.).

solo desde la perspectiva económica y ecológica si no también desde la perspectiva de la cultura, la convivencia, la paz, la tolerancia y la democracia avanzada.

Debemos concluir que de acuerdo con la ecuación [1] que para el equilibrio ecológico del planeta no es suficiente reducir la población mundial, ni tampoco es suficiente (aunque si puede ser extremadamente útil) explotar la tecnología para reducir la presión ambiental. Lo que es inevitable y posiblemente más practicable que la reducción demográfica es la reducción o moderación del consumo de muchos bienes y en menor medida de servicios. En tales circunstancias somos los países ricos los que deberíamos dar los pasos mas claros, decididos y cuantitativamente mas importantes. Los términos riqueza, renta, consumo o PIB se utilizan a menudo por parte de los ecólogos o filósofos y los que no son profesionales de la economía de modo sinónimo. Esta uniformidad de contenido de esos términos, aparte de ser incorrecta económicamente, dificulta en sobremanera el análisis ecológico y filosófico ya que el PIB es un flujo (no un valor constante) que hace referencia al consumo total público y privado y de toda le inversión en un período de tiempo (habitualmente un año). Se dice que el PIB de un país se incremente o disminuye de un año respecto al otro. Sin embargo, PIB no es sinónimo de riqueza. La riqueza es una realidad tangible con potencial para generar PIB, que paradójicamente en los países pobres pero con grandes riqueza agrícolas, forestales, minerales, pesquerías, recursos diversos, no es capaz de generar PIB's equivalentes a los de países geopolíticamente poderosos. Es obvio que Brasil o Irak tienen grandes riquezas naturales pero sus PIB's son claramente inferiores a los de muchos países con menos riquezas naturales. La riqueza (suelos fértiles, yacimientos mineros o energéticos, bosques, pesca y un largo etcétera) es un stock que puede o no ser utilizado. Por tanto la riqueza no necesariamente implica un PIB elevado ni patrimonios, ni por tanto rentas substanciales, ni el consiguiente consumo. Por otro lado el PIB tampoco refleja la calidad ambiental o ecológica de las aguas, bosques, atmósfera, mares, etc. Desde una perspectiva ecoética solo son preconizables los incrementos de PIB que incidan en el equilibrio ecológico a corto o medio plazo, pero que sobre todo no malversen las riquezas naturales. Recientemente se han propuesto varias alternativas al PIB, quizás la más interesante sea el indicador de progreso genuino (IPG) como una fórmula alternativa para medir el bienestar, que corrige algunas de las deficiencias del PIB. Por ejemplo se restan del PIB factores como los costes de la delincuencia o de la contaminación ([21]).

En términos ecológicos, el desarrollo sostenible es una variable dinámica y depende en primera instancia de la disponibilidad del recurso (ver Figura 1). El desarrollo sostenible no se centra exclusivamente en las cuestiones ambientales. En términos más generales, las políticas de desarrollo sostenible afectan a tres áreas: económica, ecológica y social (ver figura 2). En consecuencia el deseable análisis ético de la sostenibilidad deviene extraordinariamente complejo no sólo por los varios elementos que implica si no también por la compleja red de interacciones de esos elementos entre si.

---

21 Para mas información sobre el IPG o indicador del progreso genuino ver: "the genuine progress indicador", Redifining Progress http://www.rprogress.org/ sustainability_indicators/genuine_progress_indicator.htm y el informe correspondiente en http://www.rprogress.org/publications/2007/GPI%202006.pdf

No hay duda de que deben satisfacerse las necesidades básicas de la sociedad como trabajo, alimentación, ropa, vivienda y sanidad, pues si la pobreza es habitual, el mundo estará encaminado a catástrofes de varios tipos, incluidas las ecológicas. Asimismo, el desarrollo y el bienestar social, están limitados por el nivel tecnológico, los recursos del medio ambiente y la capacidad del medio ambiente para absorber los efectos de la actividad humana. Ante esta situación, se plantea la posibilidad de mejorar la tecnología y la organización social de forma que el medio ambiente pueda recuperarse al mismo ritmo que es afectado por la actividad humana. Los límites de los recursos naturales sugieren tres reglas básicas en relación con los ritmos de desarrollo sostenibles.

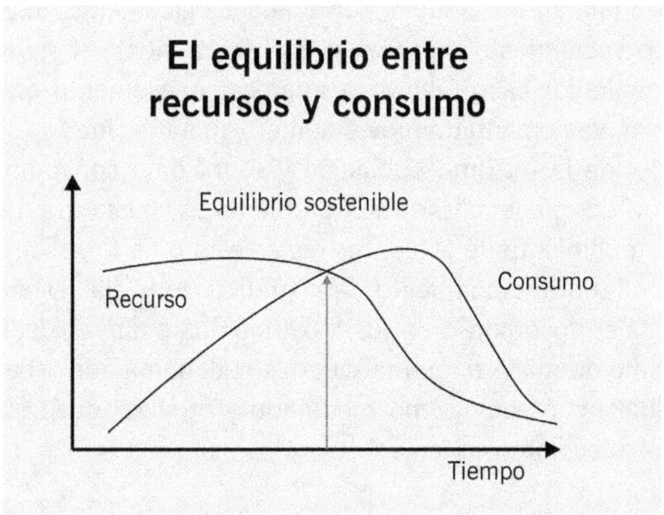

Figura 1. Modelización de cómo la evolución del consumo afecta al recurso no renovable y marca el punto de equilibrio (flecha) para que se de el desarrollo sostenible. Cuando el consumo sobrepasa el punto marcado por la flecha, el recurso se agota rápidamente, lo que conlleva que el consumo también caiga drásticamente, pero debido a que la demanda no se puede satisfacer y los precios suben desorbitadamente.

1.   Ningún recurso renovable deberá utilizarse a un ritmo superior al que se genere.

2.   Ningún contaminante deberá producirse a un ritmo superior al que pueda ser reciclado, neutralizado o absorbido por el medio ambiente.

3.   Ningún recurso no renovable deberá aprovecharse, si existe una alternativa renovable y sostenible. Se ha de reducir progresivamente el consumo de los recursos no renovables.

Estas simples y básicas directrices chocan frontalmente con la ambición de riqueza y poder de los individuos y las sociedades. La triple vertiente (ecológica, social y económica) del desarrollo sostenible hace que la sostenibilidad dependa a su vez de lo soportable ecológicamente, lo equitativo socialmente y lo viable económicamente (Figura 2). En cualquier caso, vuelve a aparecer el elemento ético y crucial, ya comentado previamente, ¿quién decide? y ¿cómo se decide la máxima población y el máximo consumo *per capita* del planeta Tierra? El problema es, hasta que punto el cumplimiento de estas tres reglas está o no forzosamente supeditado al crecimiento demográfico. Hoy día, estas opciones se incorporan en los movimientos políticos del ecologismo de modo diferente. Una es el denominado "shallow ecologism" o ecologismo moderado y otra es "deep ecologism" o ecologismo radical ([22]).

---

22   A. Heywood. 2008. Political ideologies, 4th edition. Palgrave Mac Millan, UK. Páginas 255-261.

5.5. Los factores económicos que generan presión ecológica.

Desde un punto de vista de la economía ecológica actual hay tres factores básicos que están en el debate ecológico y bioético ([23]): i) población humana; ii) abundancia de bienes y servicios y iii) tecnologías utilizadas. En realidad estos tres factores ya se han formalizado matemáticamente en la ecuación [1]. Sin embargo de cara a su significado desde una perspectiva ética es fundamental hacer las matizaciones que siguen.

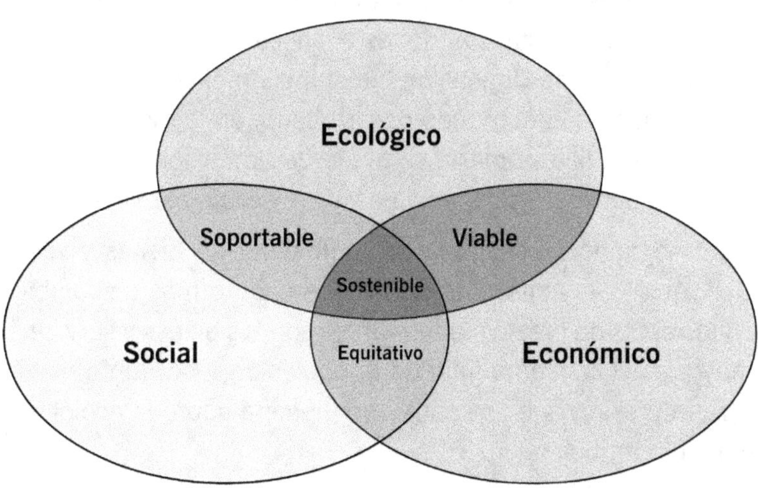

Figura 2. Los tres fundamentos del desarrollo sostenible y las interfases a que dan origen.

---

23   J. Roca Jusmet. 2010. Las presiones ambientales: población, abundancia y tecnologías. Revista de Economía Crítica, nº 9, 2º semestre (en prensa).

La primera fuente de presión sobre la ecoética es la población humana. Es obvio que actualmente es demasiado grande y que aun crece en exceso, aunque hay dos indicativos positivos. El primero es que las tasas actuales de crecimiento demográfico son inferiores a las de los años 1960-1970 y que desde entonces no han dejado de disminuir. Desde una perspectiva estrictamente ética se ha comprobado que la mejor forma de reducir las tasas de fecundidad de los países pobres a niveles coherentes y dignos es haciendo algo socialmente deseable y ético a la vez. Es decir, mejorando las condiciones de vida de las personas, los niveles de información, la alimentación, la educación, la atención médica y sanitaria y de manera especial fomentando la autonomía de las mujeres. En este sentido los avances de la bioética médica adquieren una dimensión substancialmente diferente a la bioética médica del mundo desarrollado, en la medida que la atención médica primaria es el eje de actuación prioritario y debe dirigirse con preferencia a niños y mujeres.

El segundo factor es la disponibilidad de bienes y servicios, que es la consecuencia de que cuanto mas disponibles en términos de precio o abundancia son los bienes y servicios, mayor es el consumo final de la población y por tanto mayor será la presión que ese consumo ejercerá sobre la ecología y el medio ambiente.

El tercer factor es el de las tecnologías utilizadas. Este elemento contiene por si mismo una substancial complejidad puesto que la utilización de tecnologías adquiere sentido y consecuencias diferentes según se utilice desde una perspectiva económica, tecnológica o simplemente ecológica. Desde una perspectiva ecológica la tecnología es lo que hace que el uso o consumo de recursos (o la generación de residuos) sea mayor o menor o más rápido o lento. Es obvio que si el consumo de agua sólo pudiese hacerse a través de la extracción de pozos o transportándola con recipientes desde el río más próximo a nuestras viviendas, el consumo sería mucho menor que cuando abriendo un grifo en nuestras casas, tenemos toda el agua que queremos. En el primer caso el esfuerzo físico y los riesgos sanitarios asociados a la calidad del agua harían que el consumo fuese mucho menor que en el caso actual en que nuestros grifos nos dan todo el agua que queramos con garantías elevadísimas de calidad sanitaria (y también de palatabilidad). Los economistas tienen tendencia a representar el consumo de recursos o la producción de residuos como fenómenos dependientes del PIB, es decir, a mayor PIB mayor consumo de recursos y mayor producción de residuos. Esta visión lleva a una interpretación diferente del mismo fenómeno debido a que el PIB depende mucho no sólo de las tecnologías, si no también depende de las actividades económicas que tengan mayor o menor peso en la economía de cada país. No es lo mismo fabricar más coches, más viviendas o más electrodomésticos u otros enseres, que prestar más servicios educativos, médico-sanitarios o prestaciones sociales a ancianos, desvalidos o grupos de riesgo social. Estas actividades obviamente generan valor añadido y por tanto también aumentan el PIB, pero tienen efectos medioambientales (y también sociales) muy diferentes cuando no claramente mas sostenibles que la producción de bienes de consumo directo. Dicho de otro modo, el aumento del PIB refleja el nivel de gasto de una sociedad, pero un mismo PIB no tiene el mismo impacto ecológico y social puesto que también depende del estilo de vida y del peso relativo del consumo privado y de los servicios públicos. En conclusión, saber el nivel de gasto o PIB de una sociedad no es suficiente para saber el impacto ecológico (ni siquiera el social). Para valorar el impacto bioético (en términos ecoéticos y de salud pública) del PIB, es necesario saber como se gasta y como se produce. Ineludiblemente creemos que la bioética en su sentido más amplio surge como criterio básico para valorar el impacto ecológico y social del PIB y del consumo en una sociedad.

El progreso es un concepto que indica la existencia de un sentido de mejora en la condición humana que está sujeto a diferentes interpretaciones. Una interpretación racional no siempre es practicable, dada su vinculación a las connotaciones éticas y morales que puede conllevar. Sin embargo el adjetivo "progreso" aplicado al terreno de la ciencia y de modo especial la ciencia experimental adopta un contenido semántico diferente que cuando se aplica al ámbito de la cultura humanista y la filosofía[24]. La ciencia por su propia naturaleza progresa constantemente y al hacerlo lo hace en base a la existencia de criterios y normas claras y concretas. En contraste con el arte, la religión, filosofía y política, el término "progreso" tiene significados diferentes en función del contexto y la temática a que haga referencia, lo que hace que su significado sea permanentemente cuestionable.

Más allá de estos matices de mayor o menor incidencia ecológica en función del tipo de sociedad, no debe dejar de proclamarse con la mayor claridad y rotundidad que la vigente persecución del llamado crecimiento económico a toda costa constituye la raíz de los problemas ecológicos y de los problemas sociales medioambientales. Ello ha sido debido a que economistas y políticos se han esforzado en identificar crecimiento económico con éxito social y este paradigma ha

---

24 Se recomienda acceder a Wikipedia para profundizar el contenido y significados del término "progreso" http://es.wikipedia.org/wiki/Progreso

dominado el discurso político, sindical, empresarial y social de las últimas décadas. En descargo de los economistas también debe decirse que el PIB nunca ha sido definido como una medida de bienestar social (cosa que si se hace en el contexto político actual). El PIB *"sensu estricto"* no es más que una medida de económica del crecimiento económico y mas concretamente de la actividad económica que mueve dinero tanto en el sector privado como público. El PIB no se definió para medir el bienestar social, ni la felicidad Aristotélica [25] ni siquiera la autorrealización de los individuos en parámetros socio-sicológicos modernos.

Esta situación es particularmente flagrante a tenor de los resultados de las encuestas sociológicas de los últimos años en todos los países desarrollados que claramente indican que el aumento de la renta *per cápita* no se acompaña de un mayor sentimiento de felicidad. Las causas de este sorprendente fenómeno son complejas y se alejan de los objetivos de este trabajo, pero si que es fundamental apuntar que una explicación que cada vez es más evidente es lo que se denomina "consumo posicional" [26]. Este fenómeno ya descrito en los años 1960 por Fred Hirsh en su obra "Social Limits to Growth" destaca la importancia del consumo posicional por el que en las sociedades ricas la preocupación no es cuanto tenemos si no por cuanto tenemos en comparación con los que tienen mas que nosotros [27]. Es decir el consumo no se hace en tanto que haya una mayor o menor objetivable nece-

---

25 Aristóteles, filósofo y científico de la antigua Grecia, que definió la felicidad como lo que hoy llamaríamos autorrealización.

26 J. Roca Jusmet. 2010. El debate sobre el crecimiento económico desde la perspectiva de la sostenibilidad y la equidad. http://www.ucm.es/info/ec/jec7/pdf/plen1-c.pdf

27 F. Hirsch. 1984. Los límites sociales del crecimiento. Fondo de Cultura Económica.

sidad si no que el objetivo del consumo es manifestar un poder, nivel social y potencial económico superior a los demás consumidores de su entorno. Sin lugar a dudas el consumo posicional, está estrechamente vinculado al consumismo tal y como se ha descrito en el apartado 5.3. En tales circunstancias nada peor que la desigualdad social para generar simultáneamente pulsiones de consumismo e insatisfacción en una gran mayoría de la población. Por tanto, los planteamientos socio-económicos y políticos que contribuyan a fomentar la desigualdad tanto en el interior de los estados como a nivel internacional, no hacen otra cosa que fomentar el consumismo. Dado que la desigualdad no deja de aumentar particularmente entre países, la lucha contra la desigualdad no sólo constituye objetivos éticos, si no también ecológicos y una excelente manera de luchar contra el consumismo y el consumo posicional ([28]).

5.6. Condicionantes antropológicos del consumo y las consecuencias del comportamiento ancestral en el contexto tecnológico actual.

El exceso de consumo es también, la consecuencia de un comportamiento ancestral desarrollado y seleccionado en los albores de la humanidad ante las enormes dificultades para alimentarse y tener enseres. Antaño la escasez actuaba como estímulo para reducir o controlar el consumo, y así reservar y cuidar el recurso para que estuviese disponible en el próximo futuro. El contacto humano directo con los recursos generaba estímulos que inhibían su despilfarro o activaban su ahorro y

---

28 El concepto de consumo posicional se propuso por primera vez por F. Hirsch en 1984, ver nota anterior.

protección. Hoy el consumidor no aprecia el modo en que el recurso se consume, ni su extensión o escasez, ni la dependencia de otros elementos. El hombre moderno cuando consume agua, no tiene que ir a buscarla cargado con recipientes ni caminar grandes distancias. Tampoco ve el lago, el pantano, el río, el nivel del pozo o capa freática ni tiene información de cómo evolucionan las reservas de agua cuando deja sus grifos abiertos. Los elementos que antaño actuaban como bloqueadores o reguladores del consumo que eran el esfuerzo para conseguirlo o la escasez de acceso han desaparecido. Consumir no requiere hoy día un esfuerzo físico substancial, es muy "barato" en términos de coste económico. El consumismo no permite percibir los procesos previos al consumo de los recursos y su producción. Consumir es un simple acto de ir de compras a las tiendas o grandes superficies, ver que queremos o podemos comprar y hacerlo sin más. Ya es patente (sobre todo para los científicos y expertos ambientales) que los recursos no sólo no son ilimitados (algo previsible antaño) si no que algunos ya no son renovables y por tanto hay que empezar a pensar en limitar y repartir los productos y servicios de la Naturaleza. Cada vez más personas aumentan su consumo y el consumo *per capita* a nivel mundial se incrementa. Es obvio que el incremento de la población y/o el consumo *per cápita* de modo continuo, conlleva a una situación inevitable: en algún momento no habrá para todos y los recursos empezaran a escasear. ¿Cuándo llegará este momento?, ¿Está próximo? ¿Qué haremos entonces?

Hoy día, las dificultades para consumir a que estaba sometido el hombre del paleolítico ya no existen, ni las necesidades básicas se formalizan de la misma manera. Sin embargo, el comportamiento medioambiental genético y cultural sigue teniendo la compulsividad de nuestros ancestros, con dos elementos potenciadotes que son propios del siglo XX y XXI: i) la maquinaría tecnológica actual puede producir sin mayores dificultades casi todas nuestras demandas de consumo y ii) los perversos mecanismo de publicidad, moda y marketing que generan necesidades o simplemente son "fabricas de consumidores" que generan necesidades difíciles de justificar biológicamente.

6. Cuando los problemas se convierten en dilemas.

Dilema (en griego δί-λημμα = doble propuesta). Un **dilema** es un problema que puede resolverse mediante dos soluciones, ninguna de las cuales es completamente aceptable. Los dilemas ocasionalmente pueden presentar más de dos soluciones y entonces podemos hablar de trilemas (si son tres) o cuatrilemas (si hay cuatro) y así sucesivamente. Un dilema por ejemplo, surge cuando se genera cierta duda entre lo que profesionalmente debe hacerse y lo que moralmente como persona sienta un profesional que deba hacer, mostrándose de este modo una discrepancia, dualidad o contradicción en el pensamiento de un individuo ante una determinada decisión. Regularmente un dilema moral se presenta como un caso en el que se plantea una situación posible en el ámbito de la realidad pero conflictiva a nivel moral. Por regla general la situación se presenta como una elección disyuntiva: el sujeto protagonista se encuentra ante una situación decisiva ante la cual sólo existen dos opciones siendo ambas soluciones igualmente factibles y defendibles y en muchos casos ambas insatisfactorias o inaceptables en su totalidad. Los dilemas morales son en definitiva un conflicto entre diferentes demandas o exigencias morales.

Las características básicas y a la vez cruciales de los dilemas morales son tres: i) al sujeto o agente objeto del dilema se le exige que lleve a cabo alguna de las opciones del dilema, ii) el agente puede escoger y ejecutar cualquiera de las opciones y iii) el agente no puede llevar a la práctica ambas opciones (o todas). Ante tales situaciones, el sujeto o agente parece condenado a el fracaso moral o ético, ya que opte por la opción que opte hará algo moralmente incorrecto o no podrá hacer algo que debería o quisiera hacer.

Aunque existen diversos tipos de dilemas, nos vamos a ocupar únicamente de los dilemas de gestión medioambiental que plantean numerosas situaciones conflictivas en la vida diaria y de modo particular en el mundo desarrollado. Desde el punto de vista tecno-científico los dilemas medioambientales del siglo XXI pueden definirse como situaciones para las que no hay solución (técnica o económica) satisfactoria a un problema social o de colectividades. Se basan en hechos reales, que son cercanos en el tiempo o en el espacio a cualquier sujeto, autoridad, comunidad o entidad territorial. Todos los dilemas sociales y de manera especial los dilemas éticos, implican un conflicto entre los intereses colectivos y los individuales. En este sentido, los dilemas medioambientales también pueden considerarse dilemas sociales en la medida que los intereses (tanto individuales como sociales) a corto plazo chocan con los intereses colectivos a largo plazo y en el límite con los intereses de las generaciones futuras.

Sin embargo, en los casos de los problemas medioambientales la situación dilemática tiene mas que ver con el hecho de que no existen alternativas tecnológicas que satisfagan totalmente a las demandas de la sociedad afectada, mas que con el conflicto entre los intereses individuales y colectivos, por otro lado siempre subyacentes pero que éticamente no constituyen un dilema puesto que los intereses de los individuos o grupos no pueden prevalecer ante los de toda la sociedad éticamente hablando. Es decir, el dilema medioambiental surge cuando debe decidirse entre dos opciones ambas correctas, pero que no resuelven el problema de modo totalmente satisfactorio ni definitivo. Esta situación no debe confundirse con lo que sucede todavía con demasiada frecuencia, cuando una decisión correcta ecológicamente se sustituye parcial o totalmente por otra que da prioridad a los intereses económicos a corto o medio plazo. Una primera consideración de tipo biológico, es que, lo que en un momento dado se considera bueno para el hombre de hoy, no necesariamente lo es para el resto de seres vivos, la naturaleza o ni siquiera para las generaciones futuras. Por ejemplo cada vez que criamos animales o pescamos para alimentarnos, es obvio que esa actuación es buena para los humanos pero no lo es para los animales que depredamos.

Otro ejemplo de dilema que no afecta directamente al hombre, consiste en que lo que es bueno para los elefantes (comer hasta 300 Kg de arbustos y árboles por ejemplar) no lo es para las selvas y praderas. Es obvio que estas situaciones dilemáticas nos ponen delante de la pregunta de donde está lo positivo o lo negativo del hecho que, en la mayoría de las ocasiones, se considera habitualmente bueno para el hombre, aunque no lo sea el resto de los seres vivos o viceversa.

Una de las dimensiones dilemáticas del futuro sostenible, es saber si la necesaria reducción de consumo, que es ineludible para ese deseable futuro sostenible, puede ser un proyecto viable a través de mecanismo de austeridad voluntario o deberá auto imponerse socialmente a través de medidas democráticas y del derecho coactivo cuando se perciba que sean necesarias. Es obvio que una tercera alternativa más moral y socialmente eficiente sería una imposición coactiva destinada a lograr una autorregulación colectiva y consciente. En cualquiera de los tres casos, el camino parece largo, tortuoso y traumático y solo podemos sugerir racionalidad y planteamientos científicos, éticos y democráticos.

Desde la ética actual existen dos tipos de posiciones: i) los que niegan que existan dilemas y que aducen que la existencia de dilemas implica una inexistencia de criterios éticos y normas morales y ii) los que consideran que los dilemas existen y que por el momento no hay salida a la pregunta de cual es la opción dilemática que se debería tomar y porqué. A nuestro entender, el gran número de dilemas medioambientales que están surgiendo en la sociedad actual, su enorme diversidad en cuanto a la naturaleza de la cuestión central y la dimensión de las consecuencias éticas que cualquier de las opciones implica, nos lleva a concluir que los dilemas medioambientales son una realidad ineludible y urgente que exige el tener en cuenta una reflexión racional y ética además del máximo nivel de conocimiento tecnocientífico posible. De modo particular en las últimas décadas, se ha hecho patente la existencia de dilemas medioambientales y los oponentes a ellos no son capaces de decir lo que los afectados por los dilemas deberían hacer en cada caso y porqué. Los dilemas muy frecuentemente llevan aparejados sentimientos de culpabilidad y remordimientos basados en la cognitividad y la vivencia de la persona afectada por el dilema. Ello se asocia a la creencia de que al optar por una de las opciones de los dilemas, el responsable de la decisión se ha equivocado y por tanto es responsable de las consecuencias ya que no ha sabido aplicar el criterio moral adecuado. Sin embargo, los remordimientos y la culpabilidad también se dan en situaciones en las que de modo patente y obvio el agente no ha incurrido en ninguna maldad ni tiene ninguna responsabilidad. Ejemplos claros de esto último son los frecuentes remordimientos y sentimientos de culpa en los casos en los que un conductor conduciendo cumpliendo estrictamente con todas las normas, se encuentra que una persona suicida, ya sea voluntariamente en el caso de un adulto o involuntariamente en el caso de un niño que va detrás de una pelota y se mete debajo del vehículo. No es por tanto aceptable que la existencia de remordimientos y sentimientos de culpabilidad demuestren falta de criterio moral al optar por decisiones dilemáticas, si no más bien lo contrario, esos sentimientos son la consecuencia de que el agente no ha encontrado o no se le ha proporcionado un criterio ético o moral para tomar una decisión dilemática.

Cuando los seres humanos provocan daño o sufrimiento, es natural en ellos el experimentar sentimientos de culpa y remordimiento incluso cuando no hay responsabilidad moral por el daño causado. Ello es probablemente debido a que los humanos carecen de mecanismos de ajuste emocional que les permita sentirse sólo responsables de los daños morales (de naturaleza física o biológica) que han provocado en función de la responsabilidad moral en la que han incurrido.

Mi propuesta para el caso de los problemas y dilemas medioambientales, es que no puede haber valoración ética sin conocimiento científico, ni puede haber valoración científica final sin valoración ética. Los dilemas en la gestión medioambiental existen y la génesis de la decisión hacia una u otra opción deben analizarse de modo éticamente transparente para evitar inculpaciones y sentimientos que no son coherentes con el dilema planteado.

7. Los dilemas medioambientales del siglo XXI.

Más tarde o más temprano, todas las autoridades y responsables tanto públicos como privados tendrán que encarar decisiones medioambientales complejas. También la ciudadanía de todo el planeta tendrá que debatir, decidir y apoyar (o no) las políticas medioambientales que se deriven, a tenor de los hechos que trastocan nuestros planes o previsiones. Los dos pilares básicos en este tipo de decisiones serán el económico y el tecnocientífico, pero parece por el momento altamente improbable que sea cual sea la decisión, se satisfagan todos los intereses socio-económicos por un igual. En tales circunstancias, solo el debate sobre los valores éticos puede intermediar y de modo especial los valores y derechos de las futuras generaciones que puesto que no pueden estar presentes, deben ser reconocidos y defendidos. Pasaremos a plantear únicamente los dilemas básicos que hoy día representan el renunciar o no al futuro sostenible y sobre los que pivotan todos los elementos que caracterizan a la sociedad moderna: bienestar y calidad de vida por un lado y libertad y solidaridad por el otro.

Antes de considerar dilemas específicos, debe plantearse un primer dilema paradigmático de la estructura socioeconómica actual y que constituye el eje sobre el cual pivota el comportamiento general humano y de modo particular es la base de la problemática medioambiental. Se trata de que en el modelo social actual, a mayor riqueza tanto individual como social, mayor consumo total y *per cápita* de la energía, el agua y los recursos de la Naturaleza. Este fenómeno, se volvió a observar tras la crisis económica del 2008, cuando se constató una substancial reducción en el consumo de energía. Sin embargo, en el segundo trimestre del 2010, cuando se están observando inicios de recuperación económica (es decir un nuevo aumento de riqueza), se observa un paralelo consumo de energía, con el consecuente aumento del precio del barril del petróleo por ejemplo.

7.1. Cambio climático.

Tal vez el cambio climático y sus consecuencias (sequía, aumento del nivel del mar, inundaciones, fenómenos tormentosos inusuales, etc.), sean el problema medioambiental de mas actualidad, mas presente en los medios de comunicación y las agendas políticas internacionales. Posiblemente sea también el problema medioambiental que mas clara y profundamente ha llegado a las clases populares. Una pequeña muestra de todo ello lo constituye el artículo conjunto de 56 periódicos de 45 países publicado recientemente en vísperas de la cumbre de Copenhague [29]. El poner freno al cambio climático tiene una solución (de alta probabilidad pero no total) aparentemente fácil: reducir las emisiones de CO_2 (y demás gases con efectos invernadero) y secuestrar el exceso de CO_2 que actualmente contiene nuestra atmósfera. Sin embargo reducir nuestras emisiones de CO_2, choca frontalmente con nuestro modo de vida actual y exige hoy por hoy, consumir el mínimo posible de combustibles fósiles,

---

29 Frente a una grave emergencia. El País 7 de Diciembre de 2009.

básicamente petróleo, carbón y gas. Ello conlleva dos cosas: incomodidades de los ciudadanos y elevados costes de la actividad industrial.

El primer problema que se plantea a nivel político es el ponerse de acuerdo. Hace unas décadas, las dificultades para ponerse de acuerdo todos los países (tanto desarrollados como en vías de desarrollo) eran que no había convencimiento ni consenso en las causas de los problema de semejante magnitud. Hoy día ya son pocos los que dudan de la existencia de semejantes cambios climáticos (algunos invocan que no son cambios son sólo variaciones) y nos encontramos con la posibilidad de un holocausto climático que al afectar a todos por un igual, entendemos que más pronto o más tarde forzará un acuerdo o en caso contrario estaremos ante una destrucción inminente de la sociedad moderna. En estos momentos el dilema es como ponerse de acuerdo y de manera más concreta en cómo repartir el esfuerzo para frenar las emisiones de gases con efecto invernadero. Los países en vías de desarrollo arguyen que ellos no son la causa fundamental del problema, es decir los países ricos han sido responsables de las tres cuartas partes del CO_2 emitido desde 1850. Por tanto son esos países ricos los que han de cargar con los costes, reducir su desarrollo y facilitar la transferencia de tecnologías limpias. Además, el argumento de que los efectos del cambio climático afectarán más a los países pobres que a los ricos, genera por parte de aquellos, una exigencia ética ya que los mas pobres van a sufrir mas que los más ricos, por algo que básicamente los países ricos han generado.

Los países ricos en contrapartida aducen que a pesar de que los países en vías de desarrollo no son ni han sido los causantes mayoritarios del problema, si que son los que van a contribuir cada vez más al calentamiento y por consiguiente también ellos deben comprometerse a llevar a cabo acciones significativas, cuantificables y que por supuesto también les representarán sacrificios socio-económicos. Es decir que no puede hacerse una repartición directamente proporcional a las emisiones generadas hasta fecha, dado que esa proporcionalidad ira invirtiéndose progresivamente. Lo que es evidente es que la factura para frenar el cambio climático será muy onerosa para todos, pero en cualquier caso mucho mas barata que las consecuencias de no hacer nada. La complejidad del dilema de cómo repartir gastos y esfuerzos adquiere dimensiones que asustan cuando se contemplan dos aspectos más. Uno es la diversidad de situaciones socio-económicas y tecnológicas al contemplar la totalidad de países del planeta, lo que dificulta enormemente la distribución de costes y responsabilidades. El segundo consiste en como instrumentar una vigilancia, control y sanción si llega el caso de esos acuerdos.

7.2. Población y consumo medio *per capita.*

Tal y como se define en la ecuación de Ehrlic [1] en la página 31, el impacto ambiental y por tanto la sostenibilidad dependen de tres variables: i) población; ii) consumo medio per capita y iii) tecnología que reduzca los residuos y el consumo de materias primas y energía. Dado que la situación actual no es sostenible, que las mejoras tecnológicas tienen sus límites y por otro lado incrementan o aceleran el consumo, la sostenibilidad ha de establecerse para un máximo de población y un máximo de consumo *per capita*. En cualquier caso, una vez calculadas desde el punto de vista científico la población máxima y el consumo máximo las siguientes preguntas son: cómo, cuándo y de qué manera se aplican los parámetros de población y consumo per capita. Esos planteamientos ya constituyen de *per se* una decisión profundamente ética. Las primeras y básicas preguntas que se pueden hacer son las siguientes:

¿A qué damos prioridad?: a la reducción de la población humana, a la reducción del consumo per capita o debemos restringir ambos parámetros. ¿En qué proporción? ¿Con qué criterio? Es obvio que tener que optar por estas soluciones constituye un dilema o trilema o incluso cuatrilema. Solo un análisis profundo ético nos puede dar criterios para la reflexión que nos permita resolver semejante dilema.

7.3. Energía y recursos renovables.

Sí asumimos que la energía proveniente de recursos fósiles no renovables puede reducirse a niveles incompatibles con su consumo actual en pocas décadas, en particular si persiste el incremento de consumo total y *per capita*, la única alternativa es satisfacer las demandas energéticas a partir de fuentes renovables que básicamente son: biomasa, geotérmica en cierto modo, mareas, eólica y solar. En cualquier caso las dos fuentes más satisfactorias y prometedoras hoy día son la solar en primera instancia y la eólica en segunda instancia. Estas dos fuentes de energía para su instalación y utilización requieren grandes superficies de territorio y en ese momento se plantean unos dilemas tecnocientíficos que sólo a través de la ética podrán resolverse.

Este debate exige analizar dos conceptos íntimamente asociados a este dilema, son los conceptos de endoenergía y exoenergía o energía endosomática y energía exosomática. La energía endosomática es la energía básica biológica que todos los seres vivos necesitan para crecer, desarrollarse y mantener la biomasa y el calor corporal. Es también la energía necesaria para llevar a cabo el trabajo físico del cuerpo y la actividad intelectual. Por otro lado, la energía exosomática es la energía que necesitamos los humanos (es una necesidad únicamente humana) para cocinar nuestros alimentos, calentar las viviendas, transportarnos y transportar nuestras mercancías, fabricar y distribuir nuestros alimentos, vestimentas, herramientas, alojamiento e infraestructuras. Dicho de otro modo, la diferencia básica entre energía endosomática y exosomática es que la endosomática es imprescindible para las funciones del cuerpo y de la actividad intelectual, mientras que la exosomática es imprescindible para la realización de la vida humana individualmente, intelectualmente y socialmente. La energía exosomática es finalmente la demanda energética que establece la diferencia fundamental entre el hombre y el resto de los seres vivos.

Ante estos planteamientos, la primera pregunta que surge es cuales son las diferencias filosóficas fundamentales entre utilizar energía para mantener el cuerpo y la actividad intelectual y la energía para obtener alimentos o para mantener las actividades sociales del hombre. Por tanto, las formulaciones iniciales de ese tipo de dilemas son las siguientes:

- ¿Debemos destruir nuestros bosques y paisajes emblemáticos que nos han acompañado desde siempre, para con ello poder instalar energía solar y eólica?

- ¿Cómo establecemos las fronteras entre el suministro de energía a partir de la correspondiente destrucción paisajística y la calidad de vida que demanda un paisaje de acuerdo con nuestras tradiciones y nuestros valores de Naturaleza? Esta pregunta puede reformularse en varios subdilemas: ¿A través de qué criterios escogemos entre satisfacer la demanda de energía solar y eólica y una vida de calidad? O dicho de otra manera ¿qué niveles de energía queremos satisfacer a cambio de que niveles de deforestación? Y visto desde la perspectiva de la agroganadería ¿En qué medida debe producirse energía a cambio de reducir la actividad agrícola y ganadera?

• O lo que todavía es más inquietante, ¿en qué medida debemos producir alimentos y transformarlos en biocombustibles para obtener energía exosomática, sustrayendo por tanto esos alimentos de la cadena alimentaria o endosomática?

• Otra pregunta no menor, sobre todo en países turísticos como España, es ¿A través de qué criterios escogemos entre satisfacer la demanda de energía solar y eólica para la población y la destinada a la actividad turística?

7.4. Otros dilemas relacionados con la energía.

En cualquier proceso social pero también biológico es imprescindible el consumo de energía (exosomática y endosomática) ootros dilemas medioambientales relacionados serían los siguientes:

1. Dado que la producción de biocombustibles sube el precio de los alimentos, ¿Cómo establecemos la frontera entre los alimentos que deben dirigirse a la producción de energía exosomática y endosomática?

2. Si asumimos que 1000 millones de personas del planeta carecen de alimentos y que llenar el depósito de mi coche con bioetanol requiere el maíz para alimentar durante un año a una persona, ¿qué es más importante la energía endosomática o la exosomática? ¿Es ético consumir alimentos para producir energía exosomática?

3. ¿Dónde situamos la frontera (y con qué criterios) a la hora de satisfacer la energía exo o endosomática?

4. ¿Podemos imaginarnos una sociedad humana moderna sin combustibles fósiles que satisfagan nuestras demandas de energía exosomáticas?

Un tema particularmente espinoso hoy día es el decidir si deberíamos mantener o no la actividad de las plantas nucleares, al menos hasta que no se tenga la garantía de su seguridad de funcionamiento y de la gestión de sus residuos. Obviamente, la mayoría del público que está a favor del cierre de las nucleares, no se plantea que antes de cerrar las nucleares, hemos de tomar las decisiones que conlleven reducir el consumo de energía al menos en la misma medida de la energía que están produciendo esas nucleares que queremos cerrar. No parece obvio que los debates sobre el cierre de las nucleares, vaya por ese camino. Un planteamiento similar tiene lugar al debatir el cierre o moratoria en la construcción de energía hidroeléctrica, dado que destruyen la vida salvaje y el paisaje a parte de los posibles riesgos de accidentes. Sin embargo, no se considera que tanto la energía nuclear como la hidroeléctrica, no generen CO_2, y que su supresión debería ser precedida de una reducción del consumo de energía equivalente para evitar los desastres sociales inherentes.

Finalmente, una reflexión inevitable es si el proceso de hominización hubiera sido posible sin tener acceso a la ener-

gía exosomática. ¿Podemos imaginarnos una evolución futura de la sociedad humana sin disponibilidad de abundante energía exosomática? ¿Qué proporción de energía endo y exosomática es moralmente aceptable en las sociedades del futuro? ¿Hasta que punto es ético limitar la población por motivos medioambientales? ¿Hasta que punto las otras especies de seres vivos deben tener o no prioridad respecto a ciertas necesidades sociales de la humanidad?

7.5. Agua y consumo en función de los recursos.

A partir de los años 1950's el consumo *per capita* de agua no ha dejado de incrementarse tanto en países con grandes excedentes de agua dulce como en los países tradicionalmente secos y con habituales épocas de sequía como es el caso de la cuenca mediterránea y por tanto de la España mediterránea. Los acuíferos y ríos españoles cursan secos o con bajos niveles de flujo, lo que ha obligado a trasvasar agua de unas cuencas a otras a lo largo de muchos kilómetros y a declarar restricciones de agua para la agricultura para poder abastecer ciudades y zonas turísticas. Desde hace décadas, tanto en España como en países de la zona Mediterránea o Árabe, se han implementado plantas desalinizadoras de agua de mar para poder mantener el sistema. La desalinización cuanta con varios problemas: alterar el paisaje costero, generar ruidos, producir salmuera que al ser vertida de manera no adecuada, genera problemas ambientales y, sobre todo, tiene un coste energético muy alto. Este último problema hace que los costes del agua desalinizada presenten dos problemas críticos: i) las posibles restricciones energéticas afectarán de modo substancial su producción y ii) el coste es netamente superior al habitual e incidirá en los costes de explotación, mas allá de si se financia con dinero público o no. Por otro lado el agua (al igual que la energía) es un producto imprescindible para la vida y es una cantidad fija y constante que no puede aumentar. Es decir, que el agua (al igual que la energía) es un derecho y sí lo es no puede limitarse su uso en base a las leyes de los precios. Sin embargo, dado que la población asocia valor a precio, si se bajan los precios sucede lo mismo que con la energía, aumenta el consumo y el recurso deviene tarde o temprano escaso. Las preguntas que podemos hacernos son las siguientes:

- ¿Debe exigirse a la población que limite su consumo de agua?

- ¿Debe restringirse la desalinización ante la crisis energética?

- ¿Con qué criterios?

- Que debe tener prioridad, ¿la demanda de agua para el consumo doméstico, la agrícola, la industrial, la destinada al turismo, la suntuaria en parques y jardines, la paisajística?

- ¿Cómo debe limitarse el consumo: ¿a través del precio? ¿A través cuotas fijas impuestas por el estado? ¿En función de los recursos reales? Una de las tendencias actuales que por el momento está dando algunos resultados positivos es el establecer bloques de consumo por habitante, de modo que cada bloque de consumo superior implique una importante subida de coste por litro.

- Sin embargo, la pregunta que tarde o temprano tendrá que hacerse es: ¿Dónde está la frontera del uso doméstico y el agrícola? ¿Dónde está la frontera entre el uso agrícola y el turístico? **¿Qué resulta mas ético restringir el consumo o restringir la demografía?**

A nuestro entender, el agua debe tener un precio significativo, que debe ser mayor cuanto mayor sea su consumo. En caso contrario, los ricos todavía consumirían más agua y en consecuencia habría menos para la población pobre o con recursos escasos.

7.6. Consumo de alimentos.

La producción de alimentos y su correspondiente consumo también plantea una serie de dilemas que apuntaremos brevemente. El primero y básico tanto desde la perspectiva de la biología como de la ética, es que el crecimiento de la población humana tiene como causa prima y mayoritaria (no la única) la producción de alimentos. Es decir, a mayor cantidad de alimentos disponibles, mayor aumento demográfico[30]. Dado que es obvio que el futuro sostenible pasa por un control y limitación de la población humana, constituye a mi entender un imperativo categórico universal ético que ese control poblacional no se efectúe a través de una voluntaria reducción en el proceso de producción de alimentos, como obviamente tampoco sería ético alcanzar ese control poblacional a través del abandono de la lucha contra las enfermedades y los avance de la medicina. Es decir, hemos de asumir que la única opción biológica y ética para conseguir un límite o control poblacional pasa por una reducción del número de nacimientos, o sea: reducir la tasa de natalidad. Desde una perspectiva ética, esa reducción en la tasa de natalidad debería conseguirse

---

30 Consultar nota 17.

a través de un proceso democrático, o consensualmente o a través de incentivos, es decir a través de procesos deliberativos que en ningún caso implicasen una imposición. Es a nuestro entender (como lo es el de muchos intelectuales y científicos desde hace décadas) irrefutable hoy por hoy que la población humana no puede aumentar indefinidamente y por tanto desafiar las leyes fundamentales de la física y la biología (es decir de la Naturaleza) sin incurrir en desastres sociales y ecológicos insuperables.

Desde una perspectiva ético-moral, se han alzado y se continúan alzando voces que consideran que limitar la demografía humana infringe los derechos y la libertad a reproducirse del ser humano. Creemos que esos asertos están en lo cierto. Pero no es menos cierto que un continuo y descontrolado crecimiento de la demografía humana infringirá los derechos y las libertades de todos los humanos (presentes pero también las generaciones futuras) al no poder protegernos de la malnutrición, la falta de recursos, las enfermedades, la pobreza y la contaminación. El crecimiento sin límites de la población humana ciertamente infringe nuestros derechos y libertades a disfrutar de la Naturaleza y a la calidad medioambiental. Entendemos que la premisa ética que puede adquirir la categoría de imperativo categórico universal en el mas puro sentido kantiano es el asegurar el bienestar de las generaciones presentes y venideras. Semejante imperativo sólo tendrá visos de realizarse si viviésemos en un planeta capaz de permitir al ser humano una vida que garantice un futuro sostenible.

Otro tema menor (comparado con la trascendencia de lo anteriormente tratado) pero directamente vinculado al aumento de la población humana es el hecho de que las autoridades sanitarias consideran que un objetivo irrenunciable es consumir 450 mg por día de aceites omega-3-y-6 para protegernos de los riesgos cardiovasculares. La otra cara de la moneda de este planteamiento es que no es posible desde el punto de vista práctico, proporcionar a toda la población mundial actual una alimentación de acorde a las directrices avanzadas actuales de aceite de oliva, cítricos, pescado y verduras frescas. Es obvio que esos objetivos no pueden ser aplicables a los más de 6.000 millones de habitantes del planeta. Por tanto, las preguntas inmediatas son:

- ¿Debemos pescar y por tanto agotar los bancos de pescado y ballenas para satisfacer esas necesidades?

- ¿Debemos aumentar aún más los cultivos agrícolas extensivos e intensivos, lo que implicaría el consumo de agua, energía, abonos, maquinaria y materiales hasta límites no sostenibles?

- ¿Debemos a través de clonación genética producirlos por tecnología?

Si a tenor de lo expresado en los apartados anteriores, hemos de reducir el consumo de energía que a su vez es necesario para producir y transportar abonos, semillas, maquinaria y los propios alimentos, ¿en qué medida la disminución de la producción de alimentos va ha incidir en la sociedad y en su comportamiento? Es perentorio incentivar el debate y la definición de los criterios éticos vinculados a estas decisiones. Lo mismo podría decirse del agua y su gestión, que son elementos básicos en la producción de alimentos.

Desde el punto de vista filosófico el dilema que resumiría los planteamientos anteriores sería: ¿En qué circunstancias la protección de la Naturaleza debería tener una prioridad de rango superior al derecho a la alimentación del ser humano?

Sobre la gestión de los recursos de energía y agua y la necesidad de reducir su consumo más allá de los avances tecnológicos ver referencias ([31], [32], [33]).

7.7. Producción de residuos.

Los residuos plantean varios tipos de problemas. En primer lugar muchos de ellos son tóxicos para la vida del hombre, de los animales y de las plantas. Su gestión, eliminación y control requiere costes energéticos y de recursos cada vez más importantes. Muchos residuos son inertes y no biodegradables y cada vez se necesitan más vertederos. Paradójicamente la población exige no tener vertederos (ni incineradoras) en sus municipios pero por el momento no se adopta una severa restricción del consumo para reducirlos. De nuevo surgen preguntas dilemáticas respecto dónde y cómo establecer los límites a la producción de residuos y cómo gestionarlos dada su necesidad de energía, agua y terreno para hacerlo.

31 J. Faraudo and J.Vives-Rego. 2006. Alternative management options for environmental potential energy and water crisis. SINAPSE e-Network (Scientific INformAtion for Policy Support in Europe. Document ID:LIB53 (22/06/2006). http://europa.eu.int/sinapse/sinapse/index.cfm.
32 J. Faraudo and J.Vives-Rego. 2006. Reflections on Sustainable Energy and Water Management: The fair fraction concept. SINAPSE e-Network (Scientific INformAtion for Policy Support in Europe. Document ID:LIB54 (22/06/2006). http://europa.eu.int/sinapse/sinapse/index.cfm.
33 J.Vives-Rego, S. Caschetto, J. Faraudo and D. Prior. 2008. Management options for the increasing demand of energy and water: is the problem only soluble in technosciences only? AMBIO – A Journal of the Human Environment 37 (2), 134-136

7.8. ¿Hay sitio para la tecnociencia?

No cabe la menor duda, de que los elementos científicos y tecnológicos han avanzados enormemente y quizás han alcanzado un nivel que en el futuro mejorará poco y lentamente. Dicho de otro modo, la tecnociencia tiene sus propios límites establecidos por las propias leyes del cosmos y no es posible ir más allá. Podrá haber nuevos conocimientos científicos y mejoras tecnológicas sustanciales, pero por definición nunca podrá alcanzarse el consumo ilimitado de recursos, especialmente los que estén ligados a la propia esencia y materia del universo. Por ejemplo la cantidad total de agua en el planeta Tierra es fija y constante, ni aumenta, ni disminuye. Se puede llegar a contaminar más o menos, a utilizarla parcial o totalmente, pero el límite es claro y concreto. Algo parecido sucede con la energía fósil. Una vez consumida, el planeta solo puede sobrevivir con las energías renovables. El drama es que el consumo actual de energía en nuestro planeta no puede generarse únicamente a partir de los sistemas renovables conocidos. La tecnociencia nos ha mostrado ya sus límites y hemos de asumirlos. Ahora es el momento de pensar en nuestro comportamiento y en las futuras generaciones.

8. Un poco de biología y de filosofía.

Partimos de la consideración de que el ser humano es un ser vivo (obvia redundancia) para el que la cultura es una propiedad emergente de la biología puesto que es una propiedad vinculada a sus capacidades neurocerebrales, anatómicas y funcionales en el sentido biológico estricto. También asumimos (no sin ciertas reservas) que al menos en el ser humano, la cultura es una característica que lo diferencia del resto de los seres vivos, al menos cuantitativamente, en el caso de que aceptemos las reservas de que los animales son (en cierto modo) capaces de desarrollar "cultura", cosa bastante evidente en el ejemplo de los primares superiores.

Es decir, el hombre es un animal simbólico cuando no histórico, que a diferencia de los animales se construye a sí mismo en el marco de la cultura y utilizando sistemas profundamente simbólicos. Esa toma de distancia es una forma de "conciencia" que ha generado la Naturaleza (nuestra naturaleza) y dicha toma de distancia no significa que la humanidad pueda ser independiente de la Naturaleza. De hecho, la humanidad crea nuevos fines en la Naturaleza (tanto propia como externa) mediante la cultura. En tales circunstancias, la cultura, como toda propiedad emergente genera planteamientos y efectos que no estaban contemplados en el sistema de partida. Ese es precisamente el origen y la raíz del arte, la religión y la filosofía.

Pero también, esa cultura es la condición para que el ser humano pueda seguir caminos propios, caminos que incluso le pueden llevar hasta su propia desaparición y lo más paradójico, esa toma de distancia de la humanidad ante lo natural puede provocar el espejismo de que el hombre y su cultura son independientes de la Naturaleza, cosa biológicamente y factualmente falsa. En tales circunstancias, el ser humano es capaz de articular su existencia alrededor de conceptos contradictorios con los límites ecológicos. Ello no significa que toda sociedad humana deba construirse, necesariamente, frente o contra la naturaleza, significa tan sólo que tiene la posibilidad de hacerlo. Esta posibilidad se cumple en el caso de nuestra situación contemporánea. La consecuencia de todo ello es que de entre los grandes problemas que se están planteando a nivel planetario, la problemática medioambiental y de que modo la sociedad actual debe modificar su funcionamiento para que el futuro del planeta sea sostenible, ocupan un lugar preferente.

En este contexto y curiosamente, las cuestiones tecnocientíficas y ecológicas se confirman como una plataforma de conocimientos ciertos y seguros, difícilmente cuestionables, mientras que las cuestiones relativas a la filosofía y la ética se muestran aquejadas de la tradicional y por el momento irremediable enfermedad del relativismo. Ante la mayoría del público, los planteamientos filosóficos y éticos parecen nacer de preferencias personales, cuando no de la imposición de los mas fuertes (socialmente o intelectualmente). Las decisiones tecnocientíficas por otro lado se muestran como bien fundadas, con validez universal y ineludibles a la hora de solucionar los problemas. Los filósofos y la filosofía agobiados por un lado por el pragmatismo resolutivo de la tecnociencia y por otro por la aceptación cuando no reverencia social, tienden a renunciar al método filosófico e intentan resolver los problemas filosóficos del medioambiente y la sostenibilidad a través de las ciencias sociales, la psicología medioambiental e incluso a la biología.

Esta situación tiene una consecuencia inmediata: que acaba siendo la tecnociencia la que termina por dar por resueltos los conflictos o dilemas éticos o filosóficos. Este hecho adquiere unas dimensiones escalofriantes si tenemos en cuenta que la tecnociencia al estar unificada y al ser global tiene tal envergadura que su aplicación es extensiva a la totalidad del planeta y por tanto su responsabilidad es también planetaria. La pregunta que por tanto debemos hacernos ante esta situación, es si la tecnociencia (y por supuesto los científicos y tecnólogos) podrá o podrán responder por ella o ellos mismos ante esa responsabilidad planetaria o si por el contrario tendrá que recurrir a la reflexión profunda (filosófica) y a los planteamientos éticos y morales para poder garantizar que podremos entregar un planeta habitable, digno y con todos sus privilegios y tesoros a las generaciones futuras. La tecnociencia no está desligada de los profundos intereses antropológicos (económicos, políticos, sociales, etc.) y en cualquier caso entendemos que el acceso al recurso ético-moral es imprescindible e inevitable en temáticas de tales dimensiones y consecuencias como es el caso particular del futuro sostenible.

El futuro sostenible es tanto más complejo cuanto la problemática ecológica no puede resolverse independientemente del resto de problemas sociales o éticos. La sociedad moderna es un supersistema de sistemas: ambiental, biológico, económico, cultural y político ([34], [35]). Estos sistemas interactúan

---

34 M. Bunge. 1979. Treatise on Basic Philosophy. Tomo 4: A world of Systems. Editorial Dordrecht, Boston.
35 M. Bunge. 2009. Filosofía política. Editorial GEDISA, Barcelona y Buenos Aires

ente sí de modo que el progreso y consolidación de cualquiera de ellos requiere el de los demás. La consecuencia de ello, es que para poner remedio a un problema (en el caso que nos ocupa, para hacer posible el futuro sostenible y resolver los dilemas medioambientales) es preciso emprender reformas en el ámbito económico, cultural y político. Semejante tarea no puede hacerse de un día para otro, puesto que el abandonar el autoritarismo y el consumismo y sustituirlos por nuevos modos de funcionar como la participación político-social y la austeridad, requiere no sólo esfuerzos ingentes si no la implicación de varias generaciones. Esta ingente demanda de esfuerzo y de la implicación de una gran mayoría de la ciudadanía es la causa y el efecto, dado que es obvio que no solo hemos de vivir decidiendo continuamente, si no que en las circunstancias medioambientales presentes el vivir y sobre todo, el vivir de cara a las próximas décadas y el vivir de las futuras generaciones nos hace sentirnos forzados a decidir lo que vamos a ser, con el agravante de que si decidimos no decidir (y por tanto continuar como al principio del empezar a ser conscientes de los riesgos ambientales que estamos generando) dejaremos de ser.

Es decir, deberíamos ser conscientes que más que lo que somos (que ya no puede cambiarse) deberíamos decidir lo que queremos ser y que todavía no somos, pero que será en función de lo que decidamos ser. En otras palabras, nuestro futuro será lo que decidamos y no lo que somos y si decidimos no decidir nuestro futuro (ecológico en el caso que nos ocupa), entonces probablemente dejaremos de ser. Las normas ecológicas y medioambientales que estamos aplicando y las que decidamos seguir nos harán ser de un modo u otro y asignaran en mayor o menor medida valor a unas cosas u otras y a unos grupos sociales u otros e incluso la confrontación de intereses entre generaciones se definirá de un u otro modo. Es patente la necesidad urgente e inmediata de reanalizar las relaciones entre los conceptos de valor y precio, que en la medida que se han identificado en el siglo XX, han sido otro de los desencadenantes de la malversación de los recursos naturales. Sobre el tema precio versus valor hablaremos mas adelante en la sección 10.4.

Creemos que es el momento de sacar a colación dos citas clásicas de Ortega y Gasset: i) "el hombre es él y sus circunstancias, y ha de salvar éstas para salvarse" y ii) "Yo soy yo y mi circunstancia y si no la salvo a ella no me salvo yo" ([36]). A nuestro entender estas reflexiones Ortegianas adquieren una dimensión actual de la mayor envergadura, ya que, las circunstancias medioambientales y ecológicas, condicionan nuestra vida de manera cada vez mas plausible y lacerante. Dicho de otro modo, sólo salvando a las "circunstancias" planetarias de la naturaleza podremos salvarnos. Es decir, necesitamos ideas más que ideología y más que creencias, para entender nuestras circunstancias absolutas (es de decir las humanas y ecológicas) y poder construir un futuro sostenible.

Es obvio que los recursos de la Naturaleza son limitados y por tanto agotables a partir de un cierto consumo. Incluso los recursos fácilmente renovables como la pesca y los bosques, son agotables si el consumo o explotación va más allá de su tasa de renovación. La sociedad actual entró a mediados del siglo pasado en un nivel de consumo que ha puesto en peligro la propia supervivencia de la Naturaleza y del mismo hombre. En estos momentos, la sociedad moderna exige unos niveles de recursos que difícilmente pueden satisfacerse sin entrar en un colapso de la sociedad de bienestar y los valores demo-

---

36 Obras completas I, Meditaciones del 'Quijote', página 322.

cráticos. Dicho de otro modo, las demandas de los ciudadanos no siempre pueden satisfacerse debido a dos motivos: i) por no haber recursos suficientes (petróleo, bosques, pesca y biodiversidad entre otros) y ii) por no haber alternativas tecnológicas, puesto que no hay ninguna alternativa tecnológica que no tenga inconvenientes medioambientales o económicos, como veremos mas adelante. El conjunto de estas situaciones constituye una serie de dilemas que tienen como núcleo común final el definir dos situaciones claves: i) cual es la máxima población humana que puede acoger el planeta y ii) cual es el consumo medio por cápita que el planeta puede soportar. Son finalmente estas premisas y no otras, las que se sitúan en la base de la sostenibilidad y es obvio que las respuestas a esas preguntas difícilmente pueden darse desde la tecnociencia, son planteamientos de naturaleza profundamente filosófica y ética.

En estos momentos existen dos fenómenos (consumo y consumismo) que deben reformularse y formalizarse con cierta urgencia si queremos evitar el colapso de la sociedad de bienestar y los valores democráticos. Este proceso de redefinir el consumo para que nuestra sociedad sea sostenible requiere un análisis transversal desde perspectivas tan diferentes como la tecnociencia, la economía, la ecología, el derecho, la psicología. Sólo la reflexión filosófica y ética puede resolver las formidables contraposiciones que emergen cuando esas perspectivas deben contemplarse de manera conjunta. Antes de entrar en los dilemas ambientales y a su debate deben establecerse unas definiciones de partida que sean rigurosas desde la reflexión y con un contenido racional que sea aplicable a la tecnociencia actual y del futuro.

Desde mi punto de vista como biólogo y experimentalista, el análisis filosófico, ético, bioético y la ecoética, pero de modo particular los aspectos éticos de la sostenibilidad, deben iniciarse y basarse en lo que se conoce factualmente o pueda conocerse desde el punto de vista tecno-científico. Solo puede debatirse y desarrollarse una ecoética en la medida de lo que conozcamos sobre las causas-orígenes de los retos de la sostenibilidad y sus consecuencias económicas y ecológicas. Solamente sabremos lo que está o puede estar en juego, cuando sepamos lo que está en juego, es decir cuando se sepan los peligros y los riesgos. Mientras desconozcamos los peligros (elemento cualitativo) y los riesgos (probabilidad o elemento cuantitativo), desconoceremos lo que debemos proteger y careceremos de las bases factuales en las que debe basarse toda fundamentación ética a la hora de analizar el por qué de esa protección. Otro aspecto fundamental, es saber cual es el balance entre riesgo y beneficio, antes de optar por una norma moral y por lo tanto optar por lo que es bueno o es malo para el ser humano actual, la Naturaleza y las generaciones futuras.

Los problemas medioambientales que se dan hoy día en todo el mundo, violan la seguridad, bienestar, desarrollo y democracia de la sociedad humana y no pueden ser universalizables. Estos problemas tienen como causa directa y primera, el consumo no sostenible en el que hemos incurrido. Sin embargo y dado que toda la estructura social moderna se basa en el consumo y las leyes socio-económicas que lo rigen, el análisis filosófico y ético que sobre los temas medioambientales en general y de la sostenibilidad en particular puedan hacerse, deben contemplar tanto las causas o génesis como las consecuencias. Dado que el pensamiento (mas tarde o mas temprano) precede a la acción, la filosofía se hace imprescindible para aportar y acuñar una nueva manera de pensar el medioambiente y la acuciante necesidad de un futuro sostenible que pensamos no está hoy por hoy a nuestro alcance. La filosofía por tanto esta irreversiblemente destinada a hacer de bisagra en los dilemas y confrontaciones que surgen y surgirán a medida que las contradicciones, tensiones cuando no desastres sociales, que la economía y la ecología, la seguridad y la libertad y el progreso y la solidaridad van a plantearnos.

9. Ecoética: otra manera de ver el mundo.

La ética es la parte de la filosofía que estudia los valores y los hábitos de las personas o grupos sociales y en esa línea la ecoética enmarca los valores y costumbres de los individuos y las sociedades en relación al medioambiente y a la Naturaleza en su totalidad. Es fundamental ser consciente de que la génesis de la ecoética, únicamente arranca al tomar conciencia el ser humano moderno de la situación crítica del planeta. Aunque hay testimonios muy antiguos en las religiones sincretistas asiáticas y en las tribus indias del continente americano, en la ética moderna constituye un fenómeno reciente, posiblemente a partir de los años 1950's. Bajo ese prisma, las reflexiones ecoéticas surgen como consecuencia de la preocupación, inquietud o por que no decirlo del miedo a perder unos privilegios, comodidades y riquezas que creíamos inagotables y para siempre. Es decir, la ecoética se ha desarrollado como respuesta a los desastres naturales que se han ido observando en las últimas décadas. Aunque hay que evitar el miedo y el alarmismo infundado, también hay que evitar planteamientos complacientes, la desinformación y las actitudes pasivas o escapistas. Debemos estar prevenidos en el sentido de que cuanto más miedo o mas urgencia, más difícil será conseguir coherencia y consistencia lógica. Además, la eficacia de las estrategias mitigadoras o correctoras de los problemas medioambientales se presenta más arriesgada o accidental cuando mayor sea el miedo, la urgencia y el alarmismo que nos atenace. Otro problema vinculado simultáneamente al pragmatismo y a la ecoética es que si no se informa o educa a la ciudadanía podemos caer en otro peligro, que la población piense que no hay ningún riesgo medioambiental en el horizonte y de ese modo acelere su consumismo y el consecuente cambio negativo ambiental. La consecuencia inmediata de esta situación sería reducir el tiempo disponible para poder reflexionar y actuar para llegar a acuerdos válidos tanto desde la perspectiva de la ecoética como de la tecnociencia.

En este sentido son perentorios los comentarios de Hans Jonas ([37]), cuando resalta que nunca antes el hombre tuvo que tener en cuenta las condiciones globales de la vida humana ni tampoco el futuro remoto. La problemática medioambiental exige una concepción nueva de los derechos y deberes. Ante esta reflexión, somos muchos los que nos hacemos la siguiente pregunta: ¿en qué medida la ciudadanía y los políticos son o serán conscientes de todo ello?, ¿no existe el riesgo de que haya retroacciones, inhibiciones y planteamientos escapistas por parte de los responsables públicos?, ante la preocupación cuando no temor o miedo ante esas enormes responsabilidades. ¿Y qué decir de la posibilidad de que surjan voces funda-

---

37 Hans Jonas (1903-1993) fue un filósofo judío de origen alemán, que vivió el holocausto y el peligro de una conflagración nuclear. Aterrado por esas situaciones y los ya incipientes riesgos medioambientales, escribió la obra El imperativo de la responsabilidad (publicado en alemán en 1979 y en inglés en 1984). Su trabajo se centra en los problemas éticos y sociales creados por la tecnología. Jonas insiste en que la supervivencia humana depende de nuestros esfuerzos para cuidar nuestro planeta y su futuro. Formuló un nuevo y característico principio ético: "Actuar de forma que los efectos de tu acto sean compatibles con la permanencia de una vida humana digna y auténtica y genuina". Esa obra es un referente en la ética contemporánea.

mentalistas que atribuyan la situación medioambiental a un castigo divino y preconicen en consecuencia la imposición de un credo religioso fundamentalista?

Otra reflexión básica es la de Aldo Leopold [38] cuando dice que el hombre debe dejar de considerarse el conquistador-emperador-dominador del planeta y entender que es "un vecino más" y que debe supeditarse y ponerse al servicio de la Naturaleza puesto que nuestro porvenir depende de ella. Personalmente, creo el hombre es una parte de la Naturaleza y que está totalmente vinculado a ella biológicamente, psíquicamente y socialmente. Por tanto su malversación o destrucción no es más que una malversación y destrucción de la persona humana, es decir un auto-suicidio.

Un elemento que no podemos eludir es el tener en cuenta a las generaciones futuras, sobre todo en la medida que debemos abandonar el egoísmo imperante de los que dicen: si el problema medioambiental estalla dentro de 40-60 años, ya no será mi problema, yo quiero hacer lo que mas me convenga, ¡las generaciones futuras ya se espabilarán! Ciertamente hemos de pasar de pensar en el planeta desde una perspectiva estrictamente utilitarista e inmediata a hacerlo desde la perspectiva de que nuestro primer deber es apostar por la existencia futura de la humanidad en un contexto de vida digna y en coherencia con nuestra naturaleza biológica. En la Naturaleza los seres vivos viven a expensas del mundo inanimado (suelos, aguas, atmósfera, etc.), compartimos química y destino.

En este momento, para que la ecoética emergente marque el camino que nos aleje del desastre ecológico y social, debe

---

38 Aldo Leopold (1887-1948). Ecólogo y ambientalista estadounidense, considerado uno de los padres de la ecoética.

basarse en el conocimiento científico profundo y transversal de la Naturaleza y del hombre. Se trataría de desarrollar un discurso ecoético con planteamientos transversales a nivel planetario, basado en los diagnósticos de la ciencia, las limitaciones intrínsecas de la tecnología y en los procesos reflexivos y racionales.

9.1. Ecoética: contextos y reflexiones.

La ecoética es la disciplina que estudia las relaciones morales y los valores éticos de los humanos con el medioambiente y los seres vivos no humanos. Es una sub-disciplina académica de la filosofía que aparece básicamente en los años 1970's y se posiciona inicialmente como contraposición al antropocentrismo. En primera instancia cuestiona la supuesta superioridad moral de los humanos en la Tierra (antropocentrismo) y en segunda instancia investiga los argumentos racionales que asignan un valor intrínsico al medioambiente y a los seres vivos no humanos. La ecoética nació simultáneamente en tres países: Estados Unidos, Australia y Noruega. Entre los pioneros en esta materia es obligado mencionar a:

- El ecólogo Paul Ehrlich con su publicación en 1968 de "La bomba demográfica" denunciando por primera vez que el crecimiento demográfico humano pone en peligro el equilibrio planetario.

- Arne Naess (1972, filósofo noruego y escalador)

- El grupo de expertos del MIT liderado por Dennos Meadows que en 1972 publico "Los límites del crecimiento"

- John Muir padre del conservacionismo americano

- Aldo Leopold, ingeniero forestal

El objetivo práctico de la ecoética es proporcionar fundamentos éticos y morales para el desarrollo de políticas sociales destinadas a proteger a la naturaleza y prevenir o remediar la degradación medioambiental. En líneas generales la ecoética propone pasar de la mentalidad burguesa y capitalista liberal en la que la Naturaleza es infinita e inagotable y para la que consumir los recursos equivale a civilizar, a una actitud totalmente contraria basada en que nuestro planeta tiene unos recursos limitados que estamos obligados a mantenerlos si queremos sobrevivir. Como hemos mencionado previamente, estos planteamientos se plasmaron de manera lúcida y clara por K.E. Boulding (1966) en su texto "The impact of Social Sciences" como que la "alternativa a la mentalidad del cow-boy es la mentalidad del astronauta". La mentalidad del cow-boy es la de depredar la naturaleza impunemente, puesto que siempre hay una nueva frontera. En contrapartida, en la mentalidad del astronauta, todos compartiríamos una nave espacial ("La Tierra") solitaria y perdida en el cosmos que sólo dispone de unos recursos limitados y que debemos compartir y reciclar y esa nave es única e insustituible hasta donde alcanza nuestro conocimiento.

La expresión actual de la ecoética se refleja en los movimientos ecologistas que se sitúan en dos tipos claramente diferenciados de ideologías ([39]):

i) El ecologismo radical o ecocéntrico (deep ecologism), considera que la Naturaleza tiene un valor intrínseco y deben respetarse esos valores incluso en contra de los intereses humanos con carácter imperativo Kantiano. Defiende el igualitarismo biosférico, por el que todos los seres vivos

---

39 Para un studio pormenorizado de las ideologies políticas en general y su evolución sugerimos el libro de la nota 22: A. Heywood. 2008. Political ideologies, 4th edition. Palgrave Mac Millan, UK. Para las ideologías ecologistas, páginas 255-261.

son iguales en cuanto a sus derechos y valores, independientemente de la utilidad que puedan tener para los seres humanos.

 ii) El ecologismo moderado de tinte antropocéntrico, utilitarista, biocéntrico y conservacionista (shallow ecologism), pretende luchar contra la contaminación y el menoscabo de los recursos naturales. Se fundamenta en el deseo de conservar y de aumentar el goce que los ciudadanos obtienen de la Naturaleza.

El ecologismo radical ha recibido numerosas críticas, siendo la mas evidente y esperable la de proponer una visión del mundo utópica e irrealista. Sin embargo, de entre las críticas que a mi entender deben resaltarse, están las provenientes del tercer mundo, que acusan al ecologismo radical de elitista, en el sentido de que sus intentos de proteger la Naturaleza abocan en una protección que finalmente aprovecha a un grupo selecto y reducido de ciudadanos, aquellos que económicamente y socio-políticamente son los mas poderosos. Se ha llegado a definir el ecologismo radical como una nueva forma de imperialismo cultural que finalmente tiene las consecuencias de desposeer a los pobres y a las comunidades indígenas de sus bienes y derechos a vivir la Naturaleza según sus costumbres milenarias que en definitiva han sido las que han mantenido hasta nuestros tiempos, los recursos y los servicios que presta la Naturaleza.

La ecoética se conecta también con la ética feminista ambiental, la ecología social y la política moderna. A mi entender Jonas y Apel (ver nota 51) se insertan claramente en el contexto de la ecoética, aunque sin dejar de lado que la ética de la responsabilidad va mucho mas allá del ámbito ecológico ya que abarca temas tan diversos como la medicina y la clínica, el mundo de la economía y la empresa y la totalidad de las responsabilidades sociales.

La ecoética nace como una reflexión alrededor de la relación entre el ser humano y el medio ambiente. Su génesis no es una casualidad histórica, sino que es consecuencia de la toma de conciencia de la situación crítica del planeta en la hora presente. Esta toma de conciencia colectiva ha sido la causa eficiente de un discurso que, de manera progresiva, está siendo, cada vez más, objeto de atención y de interés por parte de la ciudadanía. En los últimos treinta años, la crisis ecológica ha empeorado progresivamente. No hemos tenido éxito en las estrategias para frenar la explosión demográfica ("el planeta explota", se ha dicho reiteradamente), la deforestación y desertización; la pérdida de la biodiversidad (pérdida irreversible de un número creciente de especies vegetales y animales); el cambio climático que es consecuencia de las emisiones de gases contaminantes, especialmente de dióxido de carbono, procedente de la combustión de hidrocarburos (carbón, gas y petróleo), la lluvia ácida, que nos devuelve las emanaciones de gases de azufre y nitrógeno, procedentes de plantas industriales; el agujero en la capa de ozono en los dos hemisferios, norte y sur, producido principalmente por los clorofluorocarbonos (producto empleado para la fabricación de neveras, climatizadores, espumas industriales, etc.) y la contaminación de las aguas.

Este conjunto de factores cada día más preocupantes, nos exige repensar la relación entre persona y naturaleza y fundamentar un discurso ecoético que sea consistente desde el punto de vista racional y que a la vez sea plausible en la hora presente. En efecto, no es suficiente con que sea consistente desde un punto de vista lógico, sino que, además, tiene que ser plausible, es decir, tiene que poder llevarse a cabo. Esto implica necesariamente un auto examen de nuestro estilo de vida con objeto de ver si este estilo de vida, de producción y de consumo es compatible con una transformación en la manera de entender la relación entre hombre y naturaleza. Los problemas medioambientales tradicionales, al ser analizados desde la ecoética plantean una serie de retos adicionales, cuando no problemas morales nunca antes planteados, a la hora de analizar las diferentes situaciones o opciones de la remediación medioambiental. Pongamos unos sencillos ejemplos. Supongamos que para proteger la integridad de un determinado ecosistema, se ha decidido impedir los incendios naturales, seleccionar un cierto tipo de fieras y eliminar una parte de la superpoblación de determinadas especies. Las primeras preguntas que podemos y debemos hacernos son las siguientes:

1.   Este tipo de actuaciones ¿son éticamente permisibles? O desde otra perspectiva ¿son este tipo de acciones éticamente necesarias?

2.   ¿Es moralmente aceptable que los agricultores de países o zonas no industrializadas practiquen la tala y quema de bosques para desarrollar sus prácticas agrícolas?

3.   En el caso de los daños ambientales provocados por una actividad industrial (como por ejemplo la minería o la extracción petrolífera), ¿está moralmente obligada la entidad responsable a reponer el territorio alterado y los ecosistema de la superficie?

4.   ¿Cuáles son los valores de un sistema ecológico restaurado comparativamente con el sistema natural previo a su restauración?

5.   Cuando se manifiesta que no es moral que los humanos contaminen o destruyan ecosistemas o consuman recursos no renovables, esta declaración de inmoralidad se fundamenta en que un planeta sostenible es esencial para la vida humana presente y futura o simplemente la inmoralidad de ese tipo de actuaciones va en contra de unos valores intrínsicos de la Naturaleza que por tanto deben ser respetados y protegidos.

En todas las preguntas anteriores y en todas las de características y planteamientos similares, se hace patente la confrontación y distinción entre dos tipos de valores: los valores instrumentales y los valores intrínsicos o no-instrumentales. Los valores instrumentales se configuran en función de los fines, que en el caso de la ecoética serían fines utilitaristas. En contrapartida los valores intrínsicos o no-instrumentales, son valores por si mismos independientemente de su utilidad para otros fines de necesidad o valor de mayor o menor entidad. Se supone que algo que tiene una utilidad o una finalidad en si mismo, genera *prima facie* un deber moral a ser protegido o a impedir que sea destruido. Estos dos tipos de valores nos abocan a preguntas morales tan simples y básicas como las siguientes:

1.   ¿Qué tipo de acciones medioambientales son intrínsicamente buenas o malas o tiene un valor que no puede estar expuesto a malversación?

2.   ¿Qué es lo que hace que una acción con incidencia medioambiental sea correcta o incorrecta éticamente hablando?

Desde una perspectiva antropocéntrica humano-centrista, únicamente el hombre tiene un valor intrínseco o en el menor de los casos el ser humano es poseedor de un valor muy superior a cualquier otro elemento no humano. Desde esta perspectiva se deduciría que no sería necesario justificar el valor moral de aquellos seres no humanos o elementos de la Naturaleza que fuesen objeto de los intereses humanos o de su bienestar. En contraposición se sitúan una serie de filósofos que consideran que la Naturaleza y sus pobladores tienen un valor ético intrínseco.

Los planteamientos antropocéntricos e instrumentalistas han sido defendidos desde Aristóteles ("la naturaleza ha hecho todas las cosas específicamente para el bien del hombre") hasta Kant ("la crueldad con un perro podría desencadenar la crueldad hacia los hombres"). Sin embargo, las posiciones antropocentristas actuales no dejan de reconocer que la devastación de la Naturaleza constituye la destrucción de un valor intrínseco (no-instrumental) dado que nuestro bienestar depende esencialmente de la sostenibilidad de los ecosistemas. Este tipo de argumentación da paso a que una serie de teóricos de la ecoética postulen que no hay necesidad de desarrollar una nueva teoría no-antropocéntrica dentro del cuerpo de doctrina de la ecoética. Simplemente, en vez de ello preconizan lo que se ha dado en llamar un antropocentrismo prudente o "enlightened" (= iluminado o quizás mejor ilustrado) que se desarrollaría a partir de la premisa de que todos los deberes y valores que nosotros tenemos hacia la Naturaleza se derivan directamente de nuestros deberes para con los habitantes humanos del planeta. De este modo los propósitos prácticos de la ecoética, se derivarían y fundamentarían en las raíces de las políticas sociales.

Si el antropocentrismo está en el origen de los daños a la naturaleza, quizás debamos preguntarnos cuales son las causas del antropocentrismo, para de ese modo erradicar las causas del antropocentrismo y así proteger a la Naturaleza. Las respuestas a tamaña pregunta son objeto de investigación social y psicológica y por el momento consideramos que se apartan de los planteamientos bioéticos que son el centro de este trabajo. En cualquier caso un pragmatismo ecoético antropocéntrico, puede ser muy eficaz en la resolución de las dificultades que plantea el futuro sostenible, ya que nos permitiría establecer una serie de valores de la Naturaleza, que de algún modo nos aproximaría a una ética de mínimos (que analizaremos mas adelante) e incluso a una verdad ecoética consensuada dialógicamente (ver mas adelante la sección 13.1). La ampliación del espacio ético humano a otros ámbitos, de modo particular a los animales vertebrados no humanos, además de tener las consecuencias de poner coto a los desgraciadamente frecuentes actos crueles con los animales, permitiría abordar un análisis a partir del antropocentrismo ilustrado que sin lugar a dudas pugnaría por una sociedad mas pacífica y responsable.

Nuestra propuesta es considerar como punto de partida que una acción medioambiental es éticamente correcta cuando tiende o tiene como consecuencia conservar o preservar la integridad, la estabilidad y la belleza de los ecosistemas y no sería éticamente correcta en caso contrario.

9.2. Fundamentación de la écoética.

Desde los principios de la humanidad hasta nuestros días ha habido numerosos y diversos discursos que, desde perspectivas muy diferentes, han ido aportando fundamentación a los principios ecoéticos que hoy día necesitamos. Una revisión muy completa de los diferentes discursos filosóficos se encuentra en el trabajo de F. Torralba (40). Bajo ese prisma, las reflexiones ecoéticas surgen como consecuencia de la preocupación, inquietud o, por qué no decirlo, del miedo a perder unos privilegios, comodidades y riquezas que creíamos inagotables y para siempre. Es decir, es probable que la ecoética no haya sido un proceso intelectual espúreo, basado en una cosmovisión que hoy sabemos que no es cierta y que tiene consecuencias inmorales para el futuro. Sin embargo, en el desarrollo de la ecoética también posiblemente ha habida imperiosidades impuestas por desastres flagrantes y daños humanos de gran magnitud en la línea del imperativo Jonasiano (ver nota 37). En cierto modo, como el ser humano al actuar altera a la Naturaleza y simultáneamente se construye a sí mismo, la ecoética va a tener un desarrollo muy influido por la génesis del nuevo hombre y los cambios que ese mismo hombre genere en la Naturaleza, por no hablar de la evolución de la cosmovisión o imagen del mundo que el hombre pueda tener. En este sentido los conocimientos aportados por las ciencias de la Naturaleza y en particular la Ecología han sido cruciales para el desarrollo de una

---

40 F .Torralba. 2005. Discursos de fundamentación en la ética ecológica. Análisis de conjunto. En: Por una ética ecológica, Coordinadora Begoña Román. Prohom Edicions, Barcelona.

nueva cosmovisión, que a su vez va a ser el catalizador de la ecoética emergente.

La Facultad de Filosofía de la Universidad de Stanford (2008) ([41]) define ecoética como: "the discipline that studies the moral relationship of human beings to, and also the value and moral status of, the environment and its nonhuman contents" (la disciplina que estudia la moral y sus relaciones con los seres humanos y el valor y el estatus moral con el medioambiente y los nohumanos). Ramón Alcoberro la define como: la parte de la ética aplicada que estudia la responsabilidad humana en el problema específico del medioambiente y la ecología. En cualquier caso la ecoética incluye aspectos tales como: i) rebatir el antropocentrismo tradicional de la ética occidental y ii) conectarse con las políticas centradas en el ecologismo, la ética feminista medioambiental y la ecología social.

En este sentido son perentorios los comentarios de Hans Jonas (ver nota 37), cuando resalta que nunca antes la ética tuvo que tener en cuenta las condiciones globales de la vida humana ni tampoco el futuro remoto. En consecuencia, la problemática medioambiental exige una concepción nueva de los derechos y deberes. Ante esta reflexión, cabe hacerse la siguiente pregunta: en la medida en que la población o los políticos son o serán conscientes de todo ello, ¿no existe el riesgo de que haya retroacciones, inhibiciones y rigideces por parte de los responsables públicos, ante la preocupación cuando no miedo que generen esas enormes responsabilidades?

---

41 Consultar la web: http://plato.stanford.edu/entries/ethics-environmental

Es absolutamente pertinente la simple reflexión de Aldo Leopold cuando dice que el hombre debe dejar de considerarse el conquistador-emperador-dominador del planeta y entender que es "un vecino más" y que debe supeditarse y ponerse al servicio de la Naturaleza puesto que nuestro porvenir depende de ella. El hombre es una parte de la Naturaleza y está totalmente vinculado a ella biológicamente, molecularmente, psíquicamente y socialmente. Por tanto, su malversación o destrucción no es más que una malversación y destrucción de la persona humana, es decir un "auto-suicidio" (o suicidio no consciente). Es entonces cuando el argumento de las generaciones futuras deviene crucial, profundamente ético y racional. Ciertamente hemos de pasar de pensar en el planeta desde una perspectiva estrictamente utilitarista a hacerlo desde la perspectiva de que nuestro primer deber es apostar por la existencia futura de la humanidad en un contexto de vida digna en línea del imperativo Jonasiano. En la Naturaleza los seres vivos viven a expensas del mundo inanimado (suelos, aguas, atmósfera, etc.) y con ellos los humanos compartimos química y destino. Es más, a nivel atómico y en cierta medida molecular no hay diferencia entre el mundo animado del inanimado. Por tanto éticamente la protección de la Naturaleza debería hacerse extensiva tanto al mundo animado como al inanimado.

Finalmente quisiera decir que en este momento, para que la ecoética emergente marque el camino que nos aleje del desastre ecológico y social, debe basarse en el conocimiento científico profundo y transversal de la Naturaleza y del hombre. Se trataría de desarrollar un discurso ecoético con planteamientos transversales e integrador a nivel planetario, basado en los diagnósticos de la ciencia y las limitaciones intrínsecas de la tecnología. La complejidad del problema no permite planteamientos simplistas, ni unívocos. Es obvio que sólo un cambio profundo en las convicciones y comportamientos del hombre y el establecimiento de un nuevo marco relacional entre hombre y Naturaleza pueden evitar los problemas ambientales que se avecinan.

Siguiendo el principio de la parsimonia (o la navaja de Ockham) (42), y también desde el imperativo Kantiano de que nuestra conducta pueda ser universalizable y desde la perspectiva de una simplificación racionalista que integre unas propuestas sencillas pero mínimamente efectivas para estos cambios, la plataforma de soluciones a los problemas medioambientales se puede definir en tres premisas de partida:

i) **La tecnociencia.** Necesitamos nuevos desarrollos tecno-científicos que permitan nuevas formas de utilizar los recursos naturales de modo que no se destruyan, que sean reutilizables y que puedan mantener su valor y utilidad para las generaciones venideras. De hecho en 1999, Costanza fue capaz de asignar un precio monetario a la Naturaleza (el llamado "Nature capital") (ver mas adelante en nota 50) y por tanto confirmar que desde el punto de vista estrictamente económico la Naturaleza representa un capital económico que no debe malversarse y que debe mantenerse como derecho de base para las generaciones futuras. La Naturaleza es nuestro capital, que recibimos en préstamo de nuestros antecesores para que lo hereden las generaciones futuras.

---

42 El principio de parsimonia (también llamado la navaja de Ockham), es un principio filosófico atribuido a Guillermo de Ockham (1280-1349), fraile franciscano y filósofo, según el cual cuando dos teorías en igualdad de condiciones tienen las mismas consecuencias, debe preferirse la teoría más simple a la más compleja[.]En ciencia, el principio de parsimonia se utiliza para guiar a los investigadores en la selección de modelos pendientes de la corroboración definitiva. No se trata de un criterio ni único ni necesariamente verdadero y hay que asumir que en determinadas ocasiones la opción compleja puede ser la correcta.

ii)   Unos sistemas políticos, económicos y jurídicos profundamente éticos. Necesitamos: i) Leyes que penalicen la malversación de los recursos naturales; ii) Planteamientos económicos por los que los bienes de la Naturaleza se cuantifiquen y se incorporen (internalizen) en la economía individual, familiar y social. Los sistemas contables a nivel de empresas e instituciones deben de modo progresivo reflejar todos los costes externos tanto sociales como ambientales (full cost account). Las posibles consecuencias de la aplicación de normas jurídicas que impongan la privación de la libertad o cargas económicas y sus posibles cambios cosmovisionales se comentan brevemente en la referencia ([43]).

iii)   Unos cambios de comportamiento fundamentados en los principios básicos de la ética y la pedagogía ambiental. Necesitamos políticas educativas que cambien el comportamiento del ciudadano y la sociedad de modo que los nuevos comportamientos sean respetuosos con el medio ambiente y compatibles con un desarrollo sostenible ([44], [45], [46]).

---

43   Vives-Rego, J. 2004. Environmental Forensics: a scientific service at the service of Justice and Society. Environmental Forensics 5: 123-124.

44   B. Roman, J. Faraudo and Josep Vives-Rego. 2008. A proposal to assist governance and citizens in the transit for a sustainable future: three basic responsibilities of the University. EMSU, Barcelona, October 2008. http://community.emsu.org/profiles/blog/show?id=2121271%3ABlogPost%3A1668.

45   J.M. Ranea y J. Vives-Rego. 2007. La educación ambiental como elemento crucial en la política sostenible: la importancia de las empresas para la educación ambiental en España. Ecosostenible 30-31, 22-32.

46   M. Valverde y J.Vives-Rego. 2009. Sostenibilidad y comportamiento medioambiental de la ciudadanía: núcleos de intervención fundamentales y cuestiones éticas. Revista del Colegio de Biologos de Cataluña n° 13, Diciembre, 4-11.

Estas tres premisas, pero de modo especial la tercera y también la segunda, deben basarse en planteamientos económicos, jurídicos y educativos debatidos por toda la sociedad y con una base ecoética los mas universal y profunda posible. Finalmente si la tarea de la ética no consiste en eliminar o negar los impulsos, si no en transformarlos en acciones digamos orientadas o teledirigidas a bienes culturales y valores morales superiores o mas altos, el objetivo de la ecoética sería el orientar los comportamientos medioambientales hacia unas leyes universales, que fuesen perdurables mientras existiesen seres humanos en la Tierra (no mas de 5.000 millones de años que es cuando el Sol se extinguirá) viviendo en condiciones humanas.

En las últimas décadas, el mundo en que vivimos adquiere una complejidad creciente a velocidad cada vez mayor y se nos presenta como un conjunto de dinámicas ingobernables. Mencionemos no solo los problemas medioambientales emergentes (cambio climático, agotamiento de recursos, destrucción de la biodiversidad, contaminación creciente, etc.), si no también las nuevas epidemias, los escándalos financieros, la emergencia de fundamentalismos, los nuevos enfrentamientos bélicos, etc. Cada vez está mas presente la sensación de que este mundo del siglo XXI, está fuera de control, debido a que la globalización genera una interdependencia de las cadenas causales que ni los gobiernos, ni los expertos y por supuesto ni los ciudadanos son capaces de abarcar, controlar o ni siquiera entender. Los efectos de las decisiones de los gobiernos, las corporaciones, las sociedades tienen efectos que se extienden o alcanzan hacia el futuro, pero de manera difícilmente controlable. Esos efectos cada vez son menos previsibles y el futuro cada vez es más desconocido. En tales situaciones y al filo de de lo que H. Jonas nos anticipó, surge la necesidad de definir y exigir un nuevo concepto de responsabilidad.

Sin embargo la propuesta de H. Jonas debería estar a la altura de la complejidad social actual y sobre todo abierta a los posibles escenarios del futuro. Ni Jonas ni Apel, estaban inmersos en la globalización actual que claramente nos muestra que la responsabilidad, por el hecho de estar interconectada, está limitada y es difusa, siendo por tanto difícil establecer controles. Es como si esa globalización o interconexión del mundo actual, impidiese que la responsabilidad hiciese acto de presencia, como si de un plumazo la responsabilidad desapareciese de nuestro próximo futuro. El futuro debería ser un ámbito de protección y por tanto deberíamos hacernos cargo de él asumiendo la responsabilidad de lo que este futuro nos depare en función de nuestras decisiones.

Las grandes preguntas que hoy debemos hacernos y debemos resolver son:

• ¿Estamos en condiciones, estamos preparados para poder asumir la responsabilidad del futuro que se nos avecina y que ya estamos creando con nuestros actos de cada día?

• ¿Quién y quiénes tienen la responsabilidad de ese futuro?

• ¿Cómo se deben tomar las decisiones que cuiden y protejan al futuro y a las nuevas generaciones?

• ¿Estamos en condiciones de poder valorar los riesgos de cara al futuro?

Hans Jonas en su obra "Ética de la responsabilidad" ([47]), sentencia: "el hombre no solo se ha convertido en un peligro para el mismo, sino también para toda la biosfera". Este aserto lo basa en la omnipresencia de modo negativo de la tecnología en la civilización actual. Este diagnóstico en el año 1979, ya indicaba una anticipación y lucidez extraordinarias que se han verificado desde las ciencias experimentales avanzadas, de modo particular desde la Física y la Biología.

A renglón seguido, H. Jonas plantea que ambos efectos negativos no se pueden disociar, pero en el caso de que se pudiese plantear vida humana en un mundo devastado y en el que la Naturaleza se hubiese reemplazado por elementos artificiales, la propia Naturaleza exigiría nuestra protección básicamente por dos motivos: i) constituir una gran riqueza y ii) y por haber sido producida por la propia labor creativa de la Naturaleza. H.Jonas aporta otros argumentos éticos por los que el hombre debe respetar la Naturaleza, como: i) coincidir el interés del hombre con el de resto de seres vivos; ii) que la Naturaleza es la morada sublime de los seres vivos; iii) evitar su deshumanización y la atrofia de su esencia; iv) contradecir su propia meta y v) mantener su dignidad.

Otros elementos objeto de análisis filosófico por parte de H. Jonas son sí es aceptable o no el egoísmo de la especie humana como derecho básico; derecho que basándose en la lucha por la existencia y/o supervivencia puede por tanto llevarlo a poner en peligro a la propia Naturaleza. Esta situación a mi entender engendra una profunda contradicción dado que si el hombre destruye por egoísmo a la Naturaleza, este acto deviene automáticamente en una ausencia de egoísmo, ya

---

47 (Das Prinzip Verantwortung, 1979), versión en Castellano de la Editorial Herder, 2ª edición; sección I. El futuro de la humanidad y el futuro de la Naturaleza

que al destruir la Naturaleza deja de luchar por sus intereses y se "auto suicida" (utilizo el termino "auto-suicidarse" puesto que se trataría posiblemente de un suicidio no consciente). No cabe duda desde la Física y la Biología avanzadas, que el hombre depende absolutamente de la Naturaleza y sus recursos para sobrevivir biológicamente y también para poder disfrutar de una vida "humana" y de calidad.

Otro aspecto interesante aunque problemático que plantea H. Jonas se da cuando nos dice: "No pudo la Naturaleza, incurrir en mayor riesgo, que el hacer surgir el hombre". Este aserto, iría en contra de: i) lo postulado por Aristóteles de que la Naturaleza estaría puesta al servicio de si misma y ii) el ideal baconiano a saber: "poner al servicio del dominio de la Naturaleza y hacer del dominio de la Naturaleza algo útil para el mejoramiento de la suerte del hombre". Aunque si que es cierto, que ha sido precisamente este ideal baconiano, que a través de la magnitud del éxito de la tecnociencia y el subsiguiente éxito económico (crear riqueza y bienestar) y biológico (crecimiento demográfico), lo que nos ha llevado al borde del desastre. Otro tema que H. Jonas aborda es el dilema de población estática versus población que crece y que se siente obligada a decir: ¡Mas! (⁴⁸). Deberíamos decidir un cierto *estatus quo* demográfico (H. Jonas, solo lo vislumbra a través del Marxismo), pero con el agravante de que es imprescindible establecer en paralelo un consumo *per capita* máximo: Desgraciadamente estamos muy lejos de ello y tengo serias dudas de que un sistema marxista pueda conseguirlo tras su fracaso histórico.

Mas allá del análisis y componentes psicológicos del miedo, debemos plantear claramente (en la línea de numerosos

---

48 Referencia anterior, página 234.

filósofos desde Hobbes (⁴⁹) hasta nuestro días) que el origen de todas las grandes sociedades estables ha sido no tanto la buena voluntad de sus componentes si no el miedo al derecho punitivo y el miedo a las clases dominantes y al miedo mutuo de todos entre sí. Una explicación estrictamente psicológica sería excesivamente simplista y sobre todo no permitiría dar la dimensión adecuada a los factores institucionales, políticos y religiosos que condicionan la representación del miedo a nivel individual y social. El miedo de la sociedad a sí misma y de los individuos entre si, aparece cuando devenimos conscientes de las atrocidades que se han hecho y de las que se pueden hacer y que en ningún modo deseamos. Creo fundamental el concluir que (del mismo modo que la mutua ayuda es necesaria para defenderse de de los ataques de la sociedad y de los embates de la naturaleza), el miedo es un elemento necesario no sólo para la paz y la convivencia, si no también ha llegado el momento de que el miedo o el temor (poco importan los matices) son imprescindibles para prevenir o evitar los desastres ecológicos, ambientales y sociales dimanantes del exceso de consumo y de las actitudes que devastan a la Naturaleza y la biodiversidad. En rigor, si hay esperanza es como consecuencia de que hay miedo, ya que no es concebible la esperanza allí donde no hay nada que temer. En este sentido las esperanzas que formulan políticos y ciudadanía en el sentido de que se va a poner freno a la malversación de la naturaleza y sus recursos son un reflejo del miedo que se vislumbra a perderlos. Otra cosa muy diferente es como se deciden las actuaciones que verdaderamente hagan cristalizar la esperanza y desaparecer o al menos mitigar el miedo progresivo a los desastres ecológicos. En suma el

---

49 Thomas Hobbes (1588 –1679), filósofo inglés, cuya obra Leviatán (1651) fue una de las bases de la filosofía política occidental.

Ethos del miedo nos lleva a pensar que en buena medida el origen de las sociedades grandes, poderosas y estables se ha generadono tanto por la buena voluntad de unos sectores hacia otros, sino más bien por el miedo que entre los diversos sectores sociales se ha establecido.

En definitiva el posible contrato social que haga a nuestro planeta sostenible sólo puede nacer a la vez del miedo y de la esperanza de modo combinado. No hay duda de que el miedo puede hacer al hombre razonable, aunque también puede volverlo irracional en sus reacciones. Tras lo expuesto, podemos enunciar que **el miedo o temor debe ser uno de los ejes conductores del cambio en el comportamiento humano medioambiental que nos dirija al futuro sostenible.**

Una de las primeras sorpresas que se lleva un científico experimentalista o incluso un político avezado en el quehacer diario de la gestión pública es que el pragmatismo americano tanto en sus aspectos generales como en los más específicos que se dirigen a la ecoética o bioética medioambiental no han tenido excesivo calado en Europa. Desde la introducción del término "pragmatismo" por C.S. Pierce (1839-1914) hasta el giro hacia la experiencia moral de W. James (1842-1910) que pretende imponer el principio del "best hole" (el todo mejor) y del "less cost" (el menor coste) que viene a preconizar que deben satisfacerse el mayor número de satisfacciones con el menor número posible de sacrificios, no se ha sido capaz de entender que el utilitarismo en primera instancia o simplemente el pragmatismo actual son planteamientos mas que suficientes para entender que tras los primeros sacrificios que imponen (y ciertamente impondrán en el futuro) la necesidad de una ética medioambiental no tiene alternativa. Somos muchos los que pensamos que serán los principios pragmatistas dimanantes de las futuras crisis medioambientales los que forzarán la definición y aplicación (quizás coactiva a través del derecho) de los nuevos valores sociales basados en la ecología. Sin embargo, no conocemos métodos ni procedimientos para establecer y posteriormente determinar socialmente ese equilibrio entre máximo de satisfacciones y mínimo de sacrificios. Ante tamañas dificultades, vuelve a aparecer como argumento alternativo en nuestros días el recurrir a miedo.

A mí entender es obvio que la valoración ética no puede hacerse de modo definitivo sin conocer mínimamente las consecuencias y subconsecuencias de las propuestas tecnocientíficas. Sin embargo, debemos insistir en que la valoración ética es imperativa, puesto que la ciencia no puede valorarse despojada de sus efectos y consecuencias a corto, medio y largo plazo en el sentido mas amplio de esos términos. La ciencia por si sola, no puede resolver las cuestiones éticas a ella vinculadas, pero por otro lado no puede hacerse una valoración ética sin un conocimiento de las respuestas que da la ciencia y en particular de las consecuencias y subconsecuencias del desarrollo y aplicación tecnocientífica. La ciencia y la ética están claramente separadas entre sí, ya que la ciencia se vincula a los hechos y la ética a las creencias, valores y opiniones personales que a lo largo de la Historia han sido muy variables y poco coincidentes.

Si embargo la ciencia no es neutra en sí, puesto que se rige por convencimientos y creencias profundamente arraigadas a partir del siglo XV y por otro lado la ciencia se desarrolla, expresa y aplica de acuerdo a valores y criterios sociales, económicos, políticos e incluso religiosos. Por tanto, la ciencia ni puede, ni debe, ni es conveniente desde el punto de vista pragmático mantenerse separada o independiente de las valoraciones éticas. Precisamente, la valoración ética de la ecología y la problemática medioambiental está sometida a las dubitaciones vinculadas a la verificación y variabilidad cuando no al conocimiento básico de la ecología.

9.3. Las grandes preguntas éticas.

El fundamento del cada vez mas necesario comportamiento ecoético, no debe ser el miedo, pero sí la preocupación, la cautela, la prudencia y desde luego también el realismo. La ecoética para el siglo XXI debe ser realista y creíble, capaz de sintonizar con los intereses económicos y empresariales, pero también de limitar el desenfreno consumista y denunciar la realidad que la ciencia y la tecnología muestran. Somos muchos los que hemos llegado a la conclusión que los desarrollos tecno-científicos no pueden resolver por si solos el problema medioambiental, si en paralelo no se reduce el consumo total por parte de los ciudadanos de este planeta. Automáticamente, al plantearse la reducción de consumo, se hace necesario debatir sobre donde están los límites de la población humana, ya que el consumo total es la integral del consumo de toda la población. Por tanto el consumo se puede reducir a nivel individual y también aceptando que la población total no alcance cifras inviables. Es fundamental el argumento de las generaciones futuras de cara a los recursos, reducción de población, planeta digno, vida digna y densidad de población. Y es ahí donde entra a mí entender la trascendencia de las consideraciones sociales, morales y éticas. No hemos de esperar a que lleguen cambios importantes a nivel institucional y de la ciudadanía cuando los desastres sean frecuentes y las pérdidas económicas y de confort o salud nos hagan doblar la testuz, recuperar la humildad y empezar a resolver el problema con la esperanza de que empecemos a actuar antes de llegar a situaciones irreversibles.

Ortega y Gasset dice que "el hombre es una entidad infinitamente plástica de la que se puede hacer lo que se quiera. Precisamente porque ella no es de suyo nada, sino mera potencia para ser "como usted quiera". Por tanto, creo necesario definir esa nueva cultura medioambiental de común acuerdo con todas las culturas, sensibilidades y sobre todo asumiendo los principios de la realidad del día-a-día. La interacción constante entre los intereses socio-económicos y el medio ambiente debe adoptarse desde una dimensión ética y esa ética debe plantearse en base a las diferentes tradiciones culturales, religiosas y al pluralismo pragmático.

Tras lo expuesto no hay duda de que la ética debe ser una fuerza motora fundamental a la hora de generar los cambios medio ambientales que hagan a nuestra sociedad sostenible. La progresiva destrucción del medioambiente genera daños económicos que afectaran más a los más pobres y a las generaciones futuras. Debemos proteger al débil por solidaridad y proteger a las generaciones futuras por el mismo motivo. Por tanto las grandes preguntas son:

- ¿Cómo y quién define esa nueva cultura o sociedad sostenible?

- ¿Debemos limitar la demografía mundial? ¿Con qué criterios?

- ¿Cuáles son los límites de consumo éticos?

- ¿Cómo y quien impone en caso de situaciones extremas esa nueva cultura o sociedad?

- ¿Seria ético imponerla? o contrariamente ¿sería ético renunciar a imponerla?

- ¿Cuáles han de ser las relaciones futuras entre el hombre y la Naturaleza?

- ¿Qué tipos de daños económicos o efectos negativos pueden ser admisibles o no desde el punto de vista ético?

- Del mismo modo que es inexcusable desde el punto de vista ético tener un mínimo acceso a niveles básicos de educación, salud y alimentación, ¿sería lo mismo aplicable al medio ambiente?

- ¿Qué limitaciones éticas tienen las practicas y leyes medioambientales?

- ¿Deben tratarse de igual modo el derecho al medioambiente que la libertad de expresión o las creencias y prácticas personales?

- ¿Cómo decidir cuales son los niveles de confort éticos?

- ¿Hay límites éticos a las exigencias humanas medioambientales? ¿Como se establecen?

- ¿Existen límites entre la ecoética y las religiones?

- ¿Qué es mas importante desde el punto de vista biológico la alimentación (endoenergía) o los combustibles (exoenergía)? ¿y desde el punto de vista ético que valoración puede hacerse de la endo y exoenergía?

- ¿Cómo podemos convencer a la sociedad de que reduzca el consumo de los individuos?

- ¿Si reducimos el consumo de manera generalizada, que pasará con la sociedad actual?

- ¿Habrá menos riqueza?

- ¿Tendremos menos confort y comodidades?

- ¿Cómo redefinimos la calidad de vida?

- ¿Tendremos que volver a predicar la austeridad y el estoicismo?

- ¿Cuál es la máxima población que puede cobijar este planeta?

No hay ninguna duda de que el mundo en que vivimos hubiese cambiado y seguiría cambiando si no hubiese estado poblado por los humanos. Lo que tampoco es objeto de duda es que los cambios que han introducido e introducirán los humanos son substancialmente diferentes de los que se hubiesen producido sin los humanos. Lo que caracteriza al comportamiento humano y lo diferencia del resto de los animales son dos rasgos fundamentales: i) se considera con el mandato divido de multiplicarse y persistir en el planeta sobre el resto de seres vivos y ii) manifiesta un deseo inamovible de explotar y ejercer el control del mundo en que vive. Es decir la preocupación por "la conquista de la Naturaleza" es algo característico de los humanos.

Cuando actualmente se discute sobre las ventajas e inconvenientes del "libre mercado" o incluso del "mercado salvaje", generalmente se asume que estamos hablando de un invento moderno puesto al servicio del capitalismo del siglo. Nada más lejos de la realidad. El mercado y sus leyes son mucho más antiguos que el capitalismo y el moderno liberalismo económico. En realidad el mercado y sus leyes empezaron cuando se encontraron dos familias o grupos tribales de los primeros y primitivos hombres trashumantes o de las cavernas. Esa coincidencia en el tiempo y en el espacio hizo que los primeros recelos o enfrentamientos cruentos se empezasen a sustituir por las intuitivas y "humanas" leyes del mercado. Pronto se adoptan normas de intercambio que se determinan básicamente por tres elementos:

1.   La escasez de bienes. En los albores de la humanidad todo escaseaba y era difícil de obtener: agua, alimentos, cobijo ante las inclemencias, protección ante los enemigos. Una mayor necesidad enfrentada a una escasa abundancia estableció los primeros trueques.

2.   Las carencias personales. No se podía estar en todas partes. No se podían asumir todas las funciones. Las hembras daban a luz y criaban. Los machos suministraban comida y protección. La producción de enseres (hachas, pieles, recipientes, etc.) Pronto unos se manifestaron más dotados para unas actividades que para otras.

3.   Los límites del espacio y del tiempo. El tiempo es escaso, la vida corta, los desplazamientos lentos y largos. Los intercambios fueron una de las primeras manifestaciones de la humanidad y sin lugar a dudas de los primeros indicios de inteligencia humana.

Si estuviéramos en un idílico Paraíso, donde la abundancia fuese total y la penuria o la enfermedad fuesen desconocidas, el mercado no existiría ya que se obtendría todo sin esfuerzo ni límites. El mercado es la consecuencia del deseo del hombre de tener más y de manera más fácil. Los animales no satisfacen sus necesidades, ni generan nuevas necesidades a través de los mercados. Por tanto el mercado es uno de los primeros inventos humanos, que surge cuando el hombre deviene consciente de sus limitaciones y necesidades, para posteriormente decidir y expresar su voluntad de superarlas a través de la tecnología y las relaciones sociales. Dada la insoslayable naturaleza moral y ética del ser humano, entendemos que los límites a la economía y al ecologismo (entendido como praxis política basada en la ecología y el medioambiente) deben establecerse en base a principios éticos.

Es obvio que ante estos retos, la mayor responsabilidad reside en los gobernantes y gestores públicos. Son quienes tienen la información, los recursos, el poder y el deber primario para resolver el problema. Hemos de esperar por tanto que sean ellos los que piloten el cambio medioambiental sostenible necesario. Sin embargo en un sistema democrático avanzado, no debe olvidarse que la ciudadanía tiene capacidad de influir y condicionar los planteamientos políticos para que se adopten actitudes firmes y responsables. Es decir los políticos harán mucho mas si la ciudadanía presiona, exige y participa. Pero tanto unos como otros actuaríamos con mas eficacia y coordinación si tuviésemos presente que la **Naturaleza y su estabilidad constituyen la base de nuestro bienestar, de la economía y de salud humana.**

10. Definir soluciones viables.

No cabe duda de que la complejidad del problema no permite planteamientos simplistas, ni unívocos. Es obvio que solo un cambio profundo en las convicciones y comportamientos del hombre y el establecimiento de un nuevo marco relacional entre hombre y Naturaleza pueden evitar los problemas ambientales que se avecinan. Desde la perspectiva de una simplificación racionalista, pero que integre unas propuestas sencillas y a la vez mínimamente efectivas para estos cambios, la plataforma de soluciones a los problemas medioambientales se puede definir en tres premisas de partida:

i) La tecnociencia. Necesitamos nuevos desarrollos tecnocientíficos que permitan nuevas formas de utilizar los recursos naturales de modo que no se destruyan, que sean reutilizables y que puedan mantener su valor y utilidad para las generaciones venideras. De hecho en 1999, Costanza en un artículo que ha marcado un punto y aparte en la economía ecológica ([50]), fue capaz de asignar un precio monetario a la Naturaleza ("Nature capital") y por tanto confirmar que desde el punto de vista estrictamente económico la Naturaleza representa un capital económico que no debe malversarse y que debe mantenerse como derecho de base para las generaciones futuras. La Naturaleza es nuestro capital, que

50 Robert Costanza et al., 1997. The value of the world's ecosystem services and Nature capital. Nature, 387; 253-260.

recibimos en préstamo de nuestros antecesores para que lo hereden las generaciones futuras.

ii) Unos sistemas políticos, económicos y jurídicos profundamente éticos, con Leyes civiles y penales que persigan la malversación de los recursos naturales. Planteamientos económicos por los que los bienes de la Naturaleza se cuantifiquen y se incorporen (internalicen) en la economía individual, familiar y social. Por otro lado, los sistemas contables a nivel de empresas e instituciones deben de modo progresivo reflejar todos los costes externos tanto sociales como ambientales.

iii) Unos cambios de comportamiento fundamentados en los principios básicos de la ética y la pedagogía ambiental. Necesitamos políticas educativas que cambien el comportamiento del ciudadano y la sociedad de modo que los nuevos comportamientos sean respetuosos con el medio ambiente y compatibles con un desarrollo sostenible.

10.1. Economía, Derecho y Política.

Es alentador ver que el derecho y la política han empezado a dedicar muchos esfuerzos dirigidos a proteger, preservar a la Naturaleza y también a evitar daños medioambientales de cara al futuro. Aunque las medidas jurídicas no son el único elemento, es obvio que sin unas leyes claras, precisas y equitativas el problema ambiental no puede solucionarse.

Sin embargo, una primera reflexión que surge entre muchos colectivos, es que a pesar de tantos esfuerzos legales y jurídicos ¡no se han frenado ni los daños ni los desastres! Es obvio que el problema es complejo; pero ¿cómo entender que haya tantas leyes y sean tan poco eficaces? ¿Cómo es que son tan poco eficaces las medidas tomadas hasta ahora? Ante estas preguntas, se pueden dar varias respuestas:

1. Las leyes y normas no son eficaces o no se aplican, hay incumplimiento flagrante y no se ponen los recursos necesarios para llevar a cabo "una policía" ambiental para vigilar, seguir, tomar pruebas y denunciar los delitos medioambientales. Posiblemente sea más fácil y barato legislar, que garantizar el cumplimiento de lo legislado.

2. Las personas, los ciudadanos no ponemos interés en la resolución del problema medioambiental por desconocimiento, o por falta de interés, o por comodidad o simplemente por egoísmo.

3. Los grandes intereses económicos y políticos no quieren salir perjudicados.

Otro problema cada vez mas patente, es que las leyes territoriales son complicadas de aplicar y buena prueba de ello son la cantidad de conflictos institucionales entre Ayuntamientos, Autonomías, España, la Unión Europea y a nivel internacional amplio. Parece como si los intereses de un territorio o país no permitiese ver la globalidad de los problemas ambientales. En este sentido, es sumamente interesante el debate que ha empezado a surgir en foros internacionales de regulación versus desregulación. Es obvio que si no se legisla para proteger el medioambiente, el daño es inevitable. Sin embargo la educación y en particular la educación de la responsabilidad individual basada en profundos convencimientos éticos acaba resultando mucho más eficaz que las leyes y deben estar siempre presentes.

Un aspecto que no puede dejarse de lado son los intereses sociales: puestos de trabajo, costes individuales de familias, sociedades o territorios, sindicatos, etc. Todo el mundo quiere o dice que quiere tener un medioambiente impecable, pero pocos están dispuestos a pagar mas impuestos o pagar los productos que consumimos mas caros para que sean sostenibles, o tener que cambiar de trabajo en aras del medio ambiente, o no poder tener 2 o 3 viviendas, etc. Una vez más, nos encontramos ante los efectos devastadores del egoísmo, de las perspectivas cortoplacistas y sobretodo de ¡la ausencia de planteamientos éticos!

10.2. Educación medio ambiental, cambios de comportamiento y núcleos de actuación.

Si el comportamiento medioambiental del ser humano no cambia negándose por tanto a aceptar la situación actual dictada por una superpoblación enormemente consumista, unas tecnologías que pueden facilitar el consumo total de los recursos y una inconsciencia ante estas situaciones, no podrá impedirse que la selección natural actúe implacablemente sobre la población cuando los recursos se hayan "casi agotados". Posiblemente entonces, se deteriorará o destruirá la democracia y la sociedad de bienestar. Solo una "selección cultural" (ver mas adelante) que genere un humano que se entienda bien con la Naturaleza permitirá por tanto, mantener unos estándares de vida dignos para las generaciones futuras. Un cambio de comportamiento a nivel individual y social es imprescindible.

En este tránsito de una sociedad no sostenible como la actual a una sociedad sostenible y digna para el próximo futuro, la selección cultural (o evolución del comportamiento dirigida por el propio hombre o creatividad humana) va a ser un paso crucial y a la vez ineludible. Lo primero que la selección cultural hace es plantearse un problema (resolver una necesidad) y después se busca una solución. En la "selección natural" (evolución biológica darwinista), los problemas aparecen independientemente de la solución (mutaciones espontáneas al azar sin saber o ser consciente de cual es el problema) y posteriormente la selección natural hace el resto. Si las mutaciones necesarias y la selección natural actúan a tiempo, la especie sobrevive y evoluciona. En caso contrario, desaparece.

Las adaptaciones humanas a los cambios ambientales se forjaron a lo largo de años y las adaptaciones futuras a los cambios ambientales futuros requerirán centenares de años si tuviesen que instaurarse en nuestro comportamiento por selección natural. Contrariamente, los necesarios e ineludibles cambios de comportamiento ambiental deben hacerse por selección cultural para que no haya graves trastornos sociales como tendrían lugar si solo la selección natural fuese el mecanismo de cambio. Cuando hay una crisis medioambiental a través de la selección cultural el problema se resolvería en poco tiempo, años o décadas. En cambio si hemos de esperar a la selección natural, la solución vendría al azar y por lo tanto el proceso duraría muchos años y muy probablemente mucho más de lo que la sociedad moderna podría resistir. Por tanto es fundamental o imprescindible que la supervivencia ante los retos ambientales, requiera que la solución por selección cultural preceda al problema. En este momento histórico, estamos en condiciones de aplicar la selección cultural, es decir plantearnos el problema y antes de que haya selección natural negativa buscar y aplicar una solución cultural.

Los terribles problemas que significaban el poder comer, acceder al agua, cobijarse y abrigarse del frío o del calor, luchar contra las enfermedades que atemorizaban a la sociedad solo hace unas pocas décadas, hoy día no inquieta a casi nadie en las sociedades avanzadas. Hay un convencimiento más o menos general de que la Naturaleza se domina o podrá dominarse dentro de poco. Este convencimiento constituye un riego biológico de enormes dimensiones y de por si es inadmisible éticamente. El fácil acceso al agua, energía, alimentos, vestimenta, cobijo, sanidad, transporte, información, divertimentos diversos, hacen que la sociedad moderna consuma sin freno ni límite. Prácticamente nadie dentro de la ciudadanía moderna es consciente de que todo, incluso esos fáciles recursos cotidianos como son el agua, la energía, alimentos, vestimenta, etc. son productos limitados y que hay un límite a su consumo que desgraciadamente desconocemos o simplemente no queremos saber.

El hombre como todos los animales tiene pulsiones e instintos que afortunadamente a diferencia de los animales puede inhibir, controlar o incluso "re-educar". Así mismo, debería suceder con el instinto humano a la hora de consumir recursos vinculados a la Naturaleza. El hombre no ve el lago, el pantano, el río, el nivel del pozo o capa freática cuando deja sus grifos y duchas abiertos. El hombre no tiene que ir a buscar el agua o leña que necesita cargado con recipientes o recorrer hectómetros o kilómetros. Los elementos de distancia, dificultad y escasez característicos de antaño y que actuaban como bloqueadores o reguladores del consumo que eran el esfuerzo para conseguirlo o la escasez de acceso han desaparecido. Consumir hoy día, no requiere esfuerzo físico ni psíquico, es muy "barato" en términos de coste económico y no se perciben los limites inherentes.

Como hemos expresado en apartados anteriores, empieza a ser patente (sobre todo por los científicos y expertos ambientales) que los recursos no son ilimitados (algo previsible antaño) si no que ya no son renovables y por tanto hay que empezar a pensar en limitar y repartir. Con el aumento demográfico, cada vez hay más personas que obviamente quieren y tienen el derecho a consumir y cada vez el consumo por persona es más elevado. Por tanto al aumentar la población y el consumo por persona de modo continuo conlleva a una situación insostenible. En algún momento no habrá para todos y los recursos empezaran a escasear. ¿Cuándo llegará este momento?, ¿está próximo?

Durante miles de años el Hombre habitó este Planeta en condiciones muy duras, teniendo que vivir en cavernas y padecer y morir de hambre, frío o en la lucha que suponía cazar para alimentarse y batirse por cada metro de suelo con los animales que dominaban la Tierra. Poco a poco y durante lentos siglos el hombre con su tenacidad e inteligencia controló el fuego y lo utilizó para calentarse, defenderse y alimentarse mejor. Inventó la agricultura y la ganadería. También construyó edificios, produjo herramientas y enseres. Incluso hace unas décadas, el hoy llamado *Homo sapiens* empezó a controlar y minimizar las enfermedades que nos afectan. Finalmente ha conseguido tener tiempo para el ocio y el placer individual. En otras palabras tras más de un millón de años el hombre hizo de este Planeta un lugar agradable y placentero para vivir.

Sin embargo, estamos viendo con asombro como nuestros ríos, mares, bosques y atmósfera se contaminan y deterioran. La caza y pesca, los grandes recursos de antaño merman o desaparecen. Hemos eliminado animales y plantas que eran verdaderos dechados de belleza y armonía, cuando no de utilidad. Tal y como ya vienen reiterando los medios de comunicación, nuestra actividad contribuye al cambio climático y se manifiesta en forma de desastres de la Naturaleza, sembrando incertidumbre en nuestro futuro y en el de nuestros descendientes. Quizás sea el momento de preguntarnos si aquel *Homo sapiens* que hizo de este Planeta un agradable lugar para vivir, no lo estará convirtiendo ahora, en un infierno. Quizás las culturas venideras a lo que hoy llamamos *Homo sapiens*, lo denominarán *Homo estupidus* y dirán que desapareció como desaparecieron los australopitecos o el *Homo erectus*. Posiblemente dirán: fueron animales muy inteligentes, pero todavía llegaron a ser más estúpidos.

El medio ambiente se está convirtiendo en el problema más universal, de mayores dimensiones y complejidad de este planeta. Es un problema que afecta a todo aquel que come, bebe, respira, descansa, pasea o simplemente: vive. No se trata únicamente de un problema técnico, ni científico, ni siquiera político. Es un problema profundamente y fundamentalmente humano; es el reto del ciudadano de hoy. Nuestro paisaje, esas playas, aquellos almendros, este cielo que alegra nuestra vista, el goce de un límpido atardecer, el silencio, nuestra intimidad, lo que respiramos, comemos o bebemos, todos y cada uno de los sucesos de nuestra vida diaria forman parte del medio ambiente. Salvar o ser respetuosos con el medio ambiente es salvarnos o ser respetuosos con nosotros mismos.

Tenemos el deber de respetar a la Naturaleza y el derecho a disfrutarla. Estamos obligados a preservar y devolver lo que utilizamos en préstamo de nuestros antecesores y que debemos entregar a nuestros herederos. Es inhumano y un fraude para las generaciones venideras destruir los bienes de la Naturaleza que nos han legado nuestros padres y abuelos. No sabemos cuando ni como el petróleo va a agotarse. Ni cuando el agua dejará de tener la calidad que exigimos. Lo que si sabemos es que cuanto mejor y mas preparados estemos para afrontar estos acontecimiento venideros, mejor podremos afrontar semejantes retos. Al igual que a partir de los años cuarenta la industria se lanzó a una frenética carrera para producir más y más barato, ahora ha llegado el momento de introducir un planteamiento nuevo. Cuando las fábricas pueden producir mucho más de lo que podemos consumir y el ciudadano occidental consume más de lo que necesita, el nuevo reto es producir y consumir de manera respetuosa con el medio ambiente. Posiblemente el gran drama de los problemas medio ambientales es que no pueden solucionarse sin el compromiso simultáneo de la ciudadanía, el sector agrícola-industrial y los políticos. Cuanto mas se tarde en tomar soluciones y aplicarlas, mas difícil será la solución y mayor el riesgo de llegar a un escenario irreversible y que todos lamentaremos.

El empresario e industrial debe ser consciente que la contaminación tiene su origen en su actividad y no es un problema que afecta únicamente a la administración. Pero todavía es más necesario que los ciudadanos piensen que el problema ambiental es también responsabilidad suya además de serlo de la administración pública y de las empresas. Estamos ante un triple cambio de mentalidad. El ciudadano debe asumir que es preciso destinar una parte de su pecunio al medio ambiente, del mismo modo que ya tiene claro que una parte de sus ingresos vayan destinados en forma de impuestos a hacer más confortable y habitable su vivienda o a financiar la salud o la enseñanza pública. La industria y la agricultura deben incorporar planteamientos ambientales avanzados, ya que sus productos serán rechazados por la ciudadanía y la Administración si no se fabrican respetando a la Naturaleza. Aceptar de buen grado el coste ambiental de la producción, conducirá a exigir que las autoridades impongan el mismo cumplimiento a todo el sector. Los políticos a su vez, tienen que asumir claramente las responsabilidades ambientales, es decir destinar recursos y atención a preservar el medio ambiente a largo plazo y renunciar a actuaciones fáciles o de imagen. Son inaplazables dos actitudes básicas: reducir el despilfarro y la ineficiencia y exigir que los responsables públicos practiquen una verdadera gestión ambiental. La madre de todas las batallas hace tiempo que empezó.

En España, por ejemplo, estamos preocupados por el agua, sobre todo los que vivimos en la bien llamada "España seca". También es cierto, que los que viven en la "España húmeda" empiezan a preocuparse por si llega el caso de que les quiten esa agua que les permite vivir con ríos y bosques abundantes, cosa a la que tienen todo el derecho del mundo. Cada año hay quién se propone o se prepara para entrar en el negocio de la compra-venta de agua. Y cuando se trata de encontrar culpables (puesto que es más fácil encontrar culpables que soluciones), los encontramos de todos los tipos y colores. Para unos, la culpa es del tiempo, que no nos llueve (sin recordar que en el Mediterráneo nunca ha llovido suficiente). Otros culpabilizan a quienes les sobra el agua, puesto que no la envían a quién le falta y apuntan a los casos de los trasvases del Tajo, Ebro o incluso el proveniente del Ródano francés. No faltan quienes culpan a la agricultura que consume entre el 60-80% del total de agua, sin pensar que nadie quiere renunciar a comer abundantemente los mejores productos de la tierra y de los árboles. Y puestos a dar la culpa, ¿porqué no al turismo? (casi 60 millones de visitantes al año) y se llega a decir: tenemos poca agua y se la ofrecemos a los extranjeros, aunque eso sí, a cambio de sus dineritos.

Sorprendentemente, nunca oímos decir: la culpa la tenemos la población que hemos crecido demasiado y consumimos una barbaridad (mas de 200 litros por persona y día).

Incluso, ninguna voz desde la poderosa tecnociencia nos ha dicho una gran pero incómoda verdad: nos sobraría toda el agua que tenemos, si hiciéramos como en las aeronaves espaciales tripuladas. Es decir, esas aeronaves salen al espacio con una provisión de agua para 7-11 días y están viviendo en el espacio durante meses con varias personas en su interior. ¿Cómo se lo hacen?, pues simplemente recuperan, depuran y reutilizan el sudor, los orines y toda el agua consumida en los procesos de alimentación e higiene. Efectivamente, hay tecnología para ello, el único problema es que ¡hay que pagar esa tecnología y su funcionamiento!

También podríamos decir, ¡con el agua de los mares nos sobra y basta!, solo hay que desalinizar. Cierto, pero acaso no olvidamos mencionar que esas tecnologías de desalación tienen un coste y que consumen mucha energía, que no solo hay que pagar si no que pronto empezará a escasear. ¿Qué está sucediendo?, pues que todo el mundo quiere toda la energía y el agua que le apetezca, de la máxima calidad y casi gratis! Ante tamaña exigencia no hay solución ni tecnología posible. O reducimos la población, o reducimos el gasto de energía y agua por cabeza, o ambas cosas. En caso contrario, simplemente debemos estar dispuestos a pagar y tratar el agua como lo que es: el más preciado e imprescindible recurso para el ser humano y para la totalidad de un planeta llamado "La Tierra".

10.3. Algo de sociología y psicología: factores que inducen a la abstención o a la cooperación con las políticas y actuaciones medioambientales.

Uno de los temas más candentes en política social, es analizar y determinar que factores intervienen en las tendencias de los ciudadanos a cooperar o por el contrario a abstenerse a la hora de llevar a la práctica las políticas medioambientales, que desde las propuestas institucionales se proponen. De modo muy esquemático pueden establecerse dos tipos de factores: i) los factores estructurales de la sociedad y ii) los factores individuales psicológicos. De entre los factores que estructuran a la sociedad, fomentando comportamientos participativos, el tamaño de la colectividad aparece como un elemento básico. Cuanto menor es el colectivo, mayor es su interés en los intereses del grupo o colectivo y más fácil es percibir lo que los otros miembros del colectivo hacen u omiten. También es cierto que cuanto menor es el colectivo mas fácil es organizarse y mas difícil desertar o incumplir los objetivos medioambientales establecidos. Las fuerzas motoras sociales que pueden favorecer la cooperación y cumplimiento de las políticas medioambientales son:

A)   La percepción por parte del grupo o colectivo de que hay un control social.

B)   El convencimiento de que independientemente del comportamiento individual hay un control social efectivo

C)   El conocimiento del balance entre los costes y beneficios colectivos e individuales.

D)   Las facilidades que se dan para que el ciudadano colabore con los fines y políticas medioambientales.

Un último elemento coercitivo para obtener colaboración en las políticas medioambientales es el establecimiento de obligaciones a través del derecho y la Ley. Sin embargo este instrumento solo es eficaz si se establecen y refuerzan los seguimientos e inspecciones policiales. Los factores psicológicos individuales que inducen a la cooperación y cumplimiento de las políticas medioambientales son:

A)   Ser consciente de los problemas medioambientales y en particular de cómo a partir de la cooperación se puede frenar la disminución de los recursos naturales.

B)   Los sentimientos de co-responsabilidad y la inclinación ética a la hora de hacer sacrificios individuales en aras de la colectividad.

C)   Que la cooperación y colaboración sea atractivas, fáciles o al menos no excesivamente incómodas ni que requieran demasiado tiempo y/o esfuerzo.

En cualquier caso, la responsabilidad y la conciencia ética, generan mas y mejor disposición del ciudadano a colaborar con las instituciones.

10.4. La contraposición entre precio y valor.

En general, la sociedad moderna actual identifica el concepto de valor y precio de modo que el valor de una cosa, un producto o un servicio, se mide por su precio. Esta identidad entre valor y precio, es especialmente irracional dado que lo que son productos de gran valor para el hombre como ente biológico, como es el caso del agua, la energía, los bosques y la biodiversidad entre otros muchos, la tecnología los ha hecho accesibles a toda la sociedad a precios muy bajos y ha conllevado dos tipos de consecuencias:

1. El consumo se ha descontrolado y esos recursos que son bienes de gran valor para el ente biológico se despilfarran y malversan.

2. Como consecuencia de lo anterior, la ciudadanía, pierde la idea del valor que representan los recursos y los re-valoran en función del precio que se paga por esos bienes.

Desde la perspectiva de la economía libre de mercado donde el valor queda establecido por el precio, el valor-precio económico es la medida de lo que vale en términos monetarios un objeto o servicio deseado. De este modo es obvio que los objetos o servicios que ni se necesitan ni se desean, económicamente no tienen ni precio ni valor. Es bien sabido que un producto que nadie lo quiere, nadie está dispuesto a pagar un precio por él y por tanto ni se vende ni se valora. Desde el punto de vista ético el problema reside en el tipo de métrica o unidades que se utilizan para valorar los productos y servicios. Por ejemplo, no sería ético ni admisible en una cultura avanzada que se pusiese precio a la vida humana o al dolor o a la libertad, independientemente de la demanda u oferta de esos valores en cada sociedad o cultura.

Ante estas perspectivas, se hace necesario analizar las diferencias entre el concepto de ciudadano y consumidor. El concepto de ciudadano es descriptivo de un individuo que es miembro de una comunidad dentro de la cual encuentra y configura una identidad, unos derechos y unos deberes. La comunidad establece límites a la libertad del ciudadano, pero paradójicamente sólo en la comunidad los ciudadanos encuentran su libertad. Desde el punto de vista racional y reflexivo, no es posible resolver los problemas y cuando menos los dilemas medioambientales sin anteponer nuestra condición de ciudadano a la de consumidor. En consecuencia, la propuesta ética fundamental es que se limiten los derechos de los consumidores en aras de una normativa conceptual de ciudadano cosmopolita y planetario que además contemple los derechos de los ciudadanos de las futuras generaciones junto a los de los derechos de los consumidores actuales. Esta propuesta se debe desarrollar de modo que se tenga en cuenta la diferencia entre bienes naturales y bienes morales. Los bienes naturales son por definición las cosas y los objetos, pero no las personas. Los bienes morales radican en las personas y tienen su fundamento en la conducta humana. La ética está mucho más inclinada a analizar los bienes morales que los materiales, desgraciadamente hasta la fecha la economía hace exactamente lo opuesto: dar prevalencia a los bienes materiales.

La teoría del valor económico no nos es útil para resolver los problemas éticos y sobre todo no puede aportar ningún avance a los problemas de la ecoética, ya que los problemas cuando no los dilemas medioambientales que afectan al ser humano, su supervivencia y su dignidad, constituyen valores que no pueden depender de las oscilaciones de los precios. De ahí que rechacemos radicalmente que los precios puedan definirse como un simple atributo de productos o servicios. El precio debe ser únicamente una relación entre productos y servicios y los consumidores (ya que no ciudadanos) que compiten en el mercado libre. La ecoética debe perseguir que se reconozca que los productos y servicios morales que constituyan necesidades para la supervivencia y la dignidad humana, no se regulen por los precios que se ajusten en función de las leyes del mercado libre y por tanto de las oscilaciones de los precios a través de la ley de la oferta-demanda.

Volvamos a los casos del valor que (a través de la percepción de los ciudadanos) pueden tener el agua y la energía. De hecho tenemos que reconocer que hay una demanda de agua y energía (y por extensión de alimentos, cobijo y vestimenta) que es independiente de la capacidad de compra del ciudadano. Si asumimos la imperiosidad vital de esos recursos, tendremos que catalogarlos como derechos y en consecuencia desde un punto de vista ético, no se les puede atribuir un precio en función de las leyes de la oferta y la demanda en un mercado totalmente libre. Al ser un derecho, todos los individuos deberían tener acceso a una parte de esas necesidades al menor precio posible y que además ese precio fuese fácilmente asumible por la totalidad de la ciudadanía. Bajo ese prisma el gobierno del estado, es esencial para garantizar la satisfacción de esos derechos. Pero al mismo tiempo el estado tiene la obligación de que los consumos de esos recursos se hagan de modo solidario y a la vez que no se despilfarren o malgasten y es ahí donde empiezan las dificultades, ya que establecer criterios de consumo mínimos y evitar el despilfarro que se practica en la sociedad actual es muy complicado. Ello es fundamentalmente debido, a que la sociedad moderna a través de la tecnología permite practicar un consumo de esos básicos recursos prácticamente sin límite y con poco esfuerzo físico y económico. Al estar asegurados desde la esfera pública y tener un precio bajo no sujeto además a las leyes del mercado, la percepción del ciudadano es que carecen de valor y por tanto su consumo es fácil, no hay frenos ni cortapisas y no se perciben las variaciones de su disponibilidad en tiempos de restricciones naturales y por tanto no están sujetos a límites aparentes. **Es en esos momentos cuando surge el dilema: esos recursos tienen un límite y al tenerlo su consumo debe estar limitado y la limitación más eficaz es a través del precio, que es como el ciudadano atribuye valor a un recurso.**

Obviamente nos encontramos ante el dilema de que las necesidades básicas (como agua, energía, alimentos, etc.) que constituyen un derecho natural, desde la perspectiva ética no pueden tener un precio o si es inevitable que lo tengan debe ser el menor posible para no limitar su acceso a la población con menos recursos. Automáticamente, al tener un bajo precio, el consumo se dispara, se establece el despilfarro e incluso el agotamiento prematuro y ese producto de gran valor para el ser humano deja de valorarse. La teoría del valor y sus diferentes manifestaciones tienen profundas consecuencias en la génesis de la problemática medioambiental y es crucial a la hora de establecer soluciones éticas en los dilemas medioambientales actuales. La primera cuestión que debemos asumir es que no podemos directamente y simplemente plantearnos la pregunta de "que son los valores" y mucho menos que son o que constituyen los valores medioambientales o ecológicos. Los valores no son, si no que los valores "valen" o pretender valer o tener valor. Este aserto es crucial en el contexto de la ecología y la naturaleza puesto que los valores en la Naturaleza no tienen cabida como si fuesen cosas o maneras de ser. La naturaleza "es", y sólo *a posteriori* el hombre da testimonio o intenta explicar que "las cosas son". Además cuando el hombre dice lo que la Naturaleza "es", lo dice a título personal y siempre dentro de su propia, variable e indemostrable percepción, entre otras muchas razones por que el hombre no tiene capacidad para interrogar a la Naturaleza, ni esta es capaz de manifestarnos en términos de nuestro lenguaje lo que es, lo que quiere ser, ni mucho menos expresarnos cuales son sus derechos. Esta situación choca frontalmente con la Naturaleza del hombre, que es lo que el decide y su ser se plantea como un repertorio de posibilidades y opciones ante las cuales permanentemente decide y permanentemente genera nuevas opciones haciendo que el presente del hombre sólo sea futuro puesto que continuamente está decidiendo sobre lo que quiere ser. Es por tanto la vida humana un proceso dialéctico de una dimensión no existente en la Naturaleza y que por tanto la pretensión de valer y del valor implica asumir una preferencia o una exclusión en términos jerárquicos que es como los humanos organizamos la cultura y nuestro devenir. No es menos cierto sin embargo, que las decisiones humanas jerarquicen los componentes de la Naturaleza en escalas de valores en la mayoría de los casos en base a criterios de pragmatismo biológico o desde la era industrial en términos patrimoniales. En este sentido el hombre da un gran valor al agua potable, a las plantas comestibles, a la caza y la pesca, pero también valora desde tiempos inmemoriales la posesión de un patrimonio de bienes y riquezas que le permiten obtener bienestar y/o seguridad. El generar, acumular y disfrutar de patrimonio posiblemente sea el elemento más diferencial del hombre animal con respecto del resto de animales no humanos.

Los valores y más concretamente los valores ecológicos se pueden definir como cualidades objetivas que significan una apreciación que se da o están intrínsicamente asociados a elementos tangibles que constituyen los bienes de la naturaleza. Ejemplos básicos son el agua, la energía, la biodiversidad, la atmósfera. Los valores ecológicos devienen valores éticos de *per se* y también los son a través del continuo ser-decidir del hombre (y la sociedad), que se forja a través de las permanentes decisiones que día a día y en todas y cada una de las decisiones cotidianas, que en definitiva construye la posibilidad o imposibilidad del futuro sostenible.

10.5. Consideraciones éticas en relación al consumo.

Una de las principales posturas que justifican o defienden el consumismo es la que está basada en la idea de la libertad de mercado, es decir, la posibilidad de comprar lo que sea sin ninguna restricción, como medida y expresión de la libertad humana. Este planteamiento también debe someterse a una investigación ética, para determinar en que medida la libertad absoluta de los mercados puede favorecer la expresión y/o protección de las libertades sociales e individuales trascendentes. Mención aparte, merece la reflexión de lo que rodea a las denominadas patologías clínicas del consumo (obesidad, bulimia, depresión etc.), que nos impulsan a consumir de modo anormal, nos hacen seguir fácilmente la publicidad engañosa, creyendo que de ese modo resolvemos nuestros problemas psicoafectivos, consumiendo indiscriminadamente alimentos, bebidas, artículos milagrosos u otro tipo de productos.

Los imperativos de la moda son alienantes si admitimos que las preferencias y los gustos personales son totalmente válidos por representar la esencialidad del yo ante si mismo y ante los demás; con el valor añadido de que son la expresión externa de la evolución del propio individuo. Frente a la tiranía de la moda, las preferencias expresadas en el gusto personal, conservan la libertad y la superioridad propia del individuo a través de una fuerza normativa propia, gracias a la cual el individuo puede enfrentarse a las regulaciones externas de su gusto a través de las imposiciones de la moda. Finalmente un tema a no olvidar es el analizar las consecuencias sociales del consumismo. Frecuentemente, el consumismo ayuda a la mala distribución de la riqueza, ya que los consumidores son por lo general de un nivel socioeconómico inferior que los dueños de las compañías generadoras de los productos objetos de consumo. De entre los problemas que nos plantea el consumo, cuando no tensiones e incógnitas, mencionamos dos.

A) ¿Hasta qué punto el consumo constituye (o no) la esencia del hombre tanto desde el punto de vista biológico, como antropológico? y ¿hasta que punto es moral restringir cuando no combatir esas tendencias humanas?

B) ¿Hasta qué punto debemos imponer un sacrificio a la Humanidad al poner límites a la satisfacción de sus necesidades bio-socio-psicológicas? Esta pregunta ha tenido una respuesta reciente por parte de H. Jonas y K.O. Apel ([51]), aunque ambos hacen propuestas diametralmente opuestas. Para H. Jonas los objetivos son garantizar la vida del hombre y no permitir ningún riesgo a esa vida y garantizar a las generaciones futuras el acceso a los recursos de la Naturaleza. Automáticamente esta máxima impone profundos sacrificios de restricción de confort de acuerdo con los valores actuales e indirectamente de control de población y de consumo, pero lo que es mas grave, no plantea cual es el nivel de dignidad y confort a que tenemos derecho los humanos, ni por que debemos hacer sacrificios en aras de unas generaciones que no conocemos ni sabemos que valores tendrán, ni siquiera si se harán planteamiento éticos del calado de los actuales. En el otro extremo se

---

51   Karl-Otto Apel (1922) filósofo alemán autor de la obra :Teoría de la verdad y ética del discurso. 1991. Ed. Paidós, Barcelona, trabajo fundamental a tener en cuenta a la hora de llegar a acuerdos entre grupos que defienden posturas substancialmente diferentes.

sitúa K.O. Apel precisamente proponiendo que la vida es un valor cuando menos cuestionable si no se definen unas características de vida digna que tampoco establece, pero que de acuerdo con su propuesta son precisamente los humanos actuales quienes deben debatir y decidir sobre ello. Los elementos que K.O. Apel no contempla, pero que están muy presentes en H. Jonas, son básicamente dos: i) la heurística del temor, es decir Apel no concede ningún valor ético a ese miedo que si siente y valora H. Jonas a la posibilidad de que la vida tal como la conocemos en la Tierra desaparezca y ii) tampoco contempla las emociones y sentimientos que puedan conmovernos a considerar que la destrucción de la Naturaleza o la expoliación de los recursos a las generaciones futuras tenga una valor ético, para tomar decisiones medioambientales. Desde esta perspectiva surgen con más fuerza si cabe, los siguientes interrogantes:

A) Los criterios para limitar el consumo ¿deben ser ecológicos, o éticos o una mezcla de ambos?

B) ¿En qué medida deben privar los intereses del hombre (antropocentrismo) respecto a los del resto de animales o de la Naturaleza?

C) Si optamos por una visión biocéntrica, es decir que no sea exclusivamente el interés del hombre el que se tenga en cuenta, si no que sea el interés de la vida en todas sus manifestaciones, ¿cómo podríamos llevar a la práctica la definición y el establecimiento de una moral biocéntrica? Dado que hoy por hoy no tenemos capacidad de interrogar a la Naturaleza y por tanto tener una declaración de sus deseos, voluntades y principios, solo queda llegar al biocentrismo por actuación del hombre lo que de algún modo no es más que reforzar el antropocentrismo.

Dado que como se ha dicho en los párrafos anteriores, la evidencia indica que los consumidores suelen elegir sus niveles de consumo con la vista puesta en las perspectivas tanto de la renta que tienen en cada momento como de la renta a largo plazo, otras preguntas surgen de inmediato. Por ejemplo, si los humanos eligen sus niveles de consumo haciendo uso de no solo su libertad para hacerlo, si no como expresión de unas expectativas dirigidas a satisfacer cuando menos sus deseos, cuando no de realizar sus sueños y esa característica es absolutamente universal, ¿hasta qué punto es ético, mermar los grados de libertad del ser humano en cuanto a la satisfacción de su necesidades y deseos? En cualquier caso, entendemos que los niveles de satisfacción del consumo deberían ser universalizables y obviamente hoy día no lo son. Otras tensiones que surgen son las siguientes:

A) ¿No deberíamos calcular antes el consumo que pudiese ser universalizable y sólo después establecer sí sería o no un consumo moral?

B) Dado que las consecuencias del consumo dependen de la población pero también del consumo *per capita* ¿no deberíamos decidir antes que población en términos numéricos sería la moramente aceptable para que luego pudiese incurrir en el consumo moral?

C) Si asumimos el **carácter imitativo o emulativo del consumo,** ¿en qué medida es moral cortapisar esas características del ser humano que ciertamente le ha sido útil en las fases avanzadas de la hominización y del proceso evolutivo humano?

D) ¿Cuándo debería empezarse a hacer este tipo de cálculos científicos y cuando deberían hacerse las consideraciones filosóficas? ¿Cuándo se intuyese el desastre? o ¿cuándo se hubiese constatado el desastre? y en ese caso ¿de qué nivel de desastre tendríamos que hablar?

Es decir, en este punto del debate, de nuevo las preguntas fundamentales siguen siendo: ¿Quién? ¿Cómo? y ¿en qué circunstancias? deberían definirse los límites de la población planetaria y del consumo *per capita*.

10.6. Las necesidades y deseos anímicos que impulsan al hombre a consumir.

El asumir que consumir es una necesidad biológica, no es óbice para obviar que dentro de las dinámicas de consumo, el hombre al hacerse poseedor de bienes materiales a través del consumo-adquisición entra en la dinámica del poder y las subsecuentes consecuencias de ejercer el poder a través del consumo y el apropiamiento. Por tanto la pregunta es si hay motivos para pensar que el hombre es insaciable en cuanto a sus tendencias de consumo. En el supuesto de que el consumo sea consecuencia de un deseo o impulso insaciable, la siguiente pregunta es si la capacidad adquisitiva del consumidor (que en definitiva es la que marca el consumo real) puede ser a su vez inagotable o insaciable. La respuesta a esta segunda pregunta está vinculada estrechamente a la tecnología disponible en cada momento histórico y en que medida esas tecnologías son o no detentables para cada grupo social.

Otra pregunta es saber en que medida el consumo es un deseo y/o necesidad anímica individual o por el contrario es una necesidad creada desde el propio hombre para crear puestos de trabajo y finalmente enriquecer a un determinado sector. Un ejemplo de lo dicho lo constituye hoy día el paradigma del "ir de compras" o las compras como ocio que configuran las jornadas festivas y que son un objetivo habitual de las familias actuales. Este conjunto de situaciones nos ha llevado al denominado "síndrome del consumismo o consumista" en el que el objetivo del consumo no es satisfacer una necesidad, si no aplazar la satisfacción de la necesidad, a través de una destronación de la duración y el uso que produce una "satisfacción fugaz" o efímera satisfacción que conduce a una nueva necesidad y por tanto a la permanente insatisfacción. La sociedad de consumo justifica su existencia con la promesa de satisfacer mejor que ninguna otra estructura en la Historia los deseos humanos. Sin embargo esta promesa de satisfacción solo puede ser seductora en la medida en que el deseo permanece insatisfecho o solo parcialmente satisfecho. Si los productos colmaran los deseos auténticos y realistas, no solo el consumo se minimizaría, si no que sería el fin de toda la sociedad de consumo. Precisamente la no satisfacción de los deseos y el firme y evidente planteamiento de que cada acto destinado a satisfacerlos deja mucho que desear o es mejorable o lo que es mas dramático, no deba satisfacer en su totalidad el deseo son el eje motor de la economía del consumismo. A medida que las expectativas no se satisfacen con los productos adquiridos, la cantidad de artículos, acumulados, y tirados a la basura aumenta y el tiempo que pasa de la adquisición a su abandono o deposición en la basura se hace más y más corto. Con ello, los costes de gestión de los residuos aumenta y los riesgos de deterioro ambiental también. En consecuencia el síndrome consumista aplaza la satisfacción, reduce su duración y magnifica la fugacidad.

En consecuencia nuestra conclusión no puede ser otra que el consumismo es una economía de engaño, que ensalza la rapidez a la hora de consumir, el derroche, el exceso y el despilfarro. Estos excesos no hacen si no aumentar la incertidumbre y por tanto el exceso en el consumo nunca llega a ser suficientemente excesivo y por tanto nunca acaba satisfaciendo al ciudadano. La vida del consumista es una imparable sucesión de experimentación, ensayos y errores que nunca alcanza el territorio de la satisfacción. Por estos motivos su inmediata consecuencia es el deterioro ambiental y los grandes costes sociales y por tanto es éticamente inaceptable. El futuro sostenible requiere el abandono del consumismo y el desarrollo de nuevos valores en los que basar el bienestar. No podemos basar la felicidad y el bienestar en el consumismo.

11. Antropocentrismo, cosmovisión e individualismo en la base de los problemas medioambientales.

Desde una perspectiva histórica, al menos tres elementos han sido (entre otros) las causas básicas de los problemas medioambientales del siglo XXI. El primero es el profundo Antropocentrismo [52] que desde Aristóteles hasta nuestros días y pasando por la tradición judeo-cristina, proclama que: i) la Naturaleza está al servicio el hombre y ii) la finalidad del hombre es poblar la Tierra y dominar sobre todos los seres vivos. Otro elemento básico ha sido el cambio de cosmovisión que a partir de la industrialización, el hombre pasa de considerar que tiene que adaptarse a la naturaleza para sobrevivir a considerar que puede dominar y adaptar la Naturaleza a sus intereses y modos de vida [53]. Un tercero lo constituye el individualismo.

El consumo moderno, tal y como tiene lugar, no permite una percepción del proceso de disminución de los recursos, ni de como se regeneran. El proceso de consumir se limita a ir

---

52 Antropocentrismo es la doctrina que hace al ser humano el centro del universo y de la creación. Constituye al hombre en juez y medida de todas las cosas y considera que el hombre ocupa un lugar único y privilegiado en la naturaleza, a la que no debe obediencia y que su disfrute y bienestar son los criterios para valorarla, siendo el hombre el responsable de la organización del mundo.
53 M. Cano, F. Mestres y J. Vives-Rego. 2010. La Weltanschauung (Cosmovisión) en el comportamiento medioambiental del siglo XXI: cambios y consecuencias. Ludus vitalis vol. XVIII, núm 33, pp. 275-278.

a los centros de compra, ver lo que queremos adquirir y comprarlo, sin tener que hacer una valoración de si ese producto y su subsiguiente compra han incidido o incidirán en los niveles de los recursos y materias primas. Cada vez el consumismo imperante induce a comprar mas y mas sin cuestionarse si podemos, debemos o simplemente tenemos el derecho ha hacerlo en términos ecoéticos. No existen indicadores de cómo nuestras compras afectan a los recursos, ni durante el proceso de compra ni a través de los servicios de información y prensa cotidianos jamás se plantea como nuestras compras inciden en los recursos. En este sentido, una medida que merece nuestro aplauso ha sido que durante ciertas épocas en algunos periódicos, se informa del estado de los pantanos que son las fuentes de suministro de agua potable. Acciones similares tendrían que estar presentes a lo largo de todo el año, en la prensa y en los grandes medios de comunicación en relación, no sólo al agua, si no a las reservas-producción-consumo de energía, producción de residuos, estado de los vertederos, evolución de la superficie de bosques y niveles de biodiversidad.

11.1. Elementos cosmovisiónales

Las cosmovisiones son el conjunto de opiniones y creencias que conforman la imagen o percepción general del mundo que tienen los ciudadanos en un momento dado de una época o cultura. A partir de esa cosmovisión los individuos y las sociedades interpretan su propia naturaleza y la de todo lo existente. Una cosmovisión define nociones comunes que se aplican a todos los campos de la vida, desde la política, la economía o la ciencia hasta la religión, la moral o la filosofía.

El término "cosmovisión" es una adaptación de la expresión en alemán *Weltanschauung* (*Welt*, "mundo", y *anschauen*, "observar") y se utiliza también en inglés. Es una expresión introducida por el filósofo Wilhelm Dilthey en su obra *Einleitung in die Geisteswissenschaften* ("Introducción a las Ciencias de la Cultura", 1914). Dilthey, un miembro de la escuela hermenéutica, sostenía que la experiencia vital estaba fundada —no sólo intelectual, sino también emocional y moralmente— en el conjunto de principios de la sociedad y de la cultura en la que se había formado. Las relaciones, sensaciones y emociones producidas por la experiencia peculiar del mundo en el seno de un ambiente determinado contribuirían a conformar una cosmovisión individual. Todos los productos culturales o artísticos serían a su vez expresiones de la cosmovisión que los crease.

Una cosmovisión no sería una teoría acerca del funcionamiento de las entidades, sino una idea de la estructura del mundo, que crea el marco para las restantes ideas. Los sistemas filosóficos, religiones o sistemas políticos pueden constituir cosmovisiones, puesto que proveen un marco interpretativo a partir del cual sus adherentes y seguidores elaboran doctrinas intelectuales y éticas. Ejemplos son el judaísmo, el cristianismo, el Islam, el socialismo, el marxismo, el cientificismo, el humanismo, el nacionalismo o el capitalismo. Las cosmovisiones son complejas y resistentes al cambio; pero también pueden, integrar elementos divergentes y aún contradictorios. La afirmación intransigente y autoritaria de la propia cosmovisión es el fundamentalismo.

La cosmovisión actual en la sociedad occidental otorga primacía (como cosa natural e incuestionable) a los conocimientos ya sea teóricos o desde la praxis que nos proporciona el dominio factual sobre la Naturaleza a través de la tecnociencia. Sin embargo y tal y como decíamos en la introducción, algo nuevo está emergiendo, cuando a pesar de esa cosmovisión profundamente tecnocientífica, ya empezamos a tener dudas (cuando no criticas bien fundamentadas) de que esa tecnociencia ultraprágmatica y dominadora no sólo no resuelve una serie de problemas medioambientales, éticos, socio-económicos y políticos, si no que nos ha situado ante un futuro no sostenible y que niega el confort y el acceso a la naturaleza que nosotros hemos disfrutado a las generaciones futuras. Desde diferentes sectores (incluido el tecnocientífico), empezamos a darnos cuenta de que ese empeño en dominar la Naturaleza y entregarnos incondicionalmente a los brazos de la tecnociencia para resolver cualquier problema o demanda es cuando menos insuficiente y muy discutible. Dicho de otro modo, la tecnociencia y su confort resultante, no sólo no nos ha conferido ninguna superioridad definitiva, si no que ha puesto en grave riesgo al planeta, a la humanidad y de modo particular a las futuras generaciones.

Desde antiguo, nos esforzamos por entender cómo funciona el mundo. Suponemos que existen normas que lo gobiernan y nos afanamos por encontrarlas. Esas reglas están escritas, por cierto, en el lenguaje de las matemáticas, de la física y de la biología. Tan convencidos estamos que existen leyes en el fondo de todo lo que pasa, que si nos enfrentamos a un problema complejo y no descubrimos los patrones que deberían explicarlo, no concluimos que no existen reglas, sino que hemos fracasado y que el problema no está resuelto. Esta forma de interpretar la naturaleza descansa sobre la idea fundamental de que la materia tiene leyes, y que éstas son universales. La ciencia aspira, por lo tanto, a lograr una visión objetiva del mundo, que no depende de la cultura o de las creencias del observador. Sin embargo, el desarrollo de la ciencia en el siglo XXI está totalmente pautado por la cultura y la cosmovisión imperante en las sociedades con capacidad para financiar a la ciencia. En los cuatro siglos que van del XVII al XX, la ciencia, con la ayuda de instrumentos que ayudan a conocer lo que no se puede ver porque está oculto, se encuentra muy lejos o es muy pequeño, ha llevado a cabo un trabajo exhaustivo de observación y de este modo, hemos averiguado de qué están hechas las cosas (no todas). Hay quién piensa que el cerebro humano, o incluso todos los cerebros de la humanidad juntos, nunca serán capaces de entender los sistemas supercomplejos, que estarían fuera de nuestro alcance. Simplemente, "no nos caben en la cabeza". Otros confían en los ordenadores, pero no para que ellos con su "inteligencia artificial" encuentren las leyes básicas que regulan los sistemas, sino para que, una vez que las hayamos descubierto nosotros los humanos, y formalizado matemáticamente, procesen todos los datos y nos informen del estado del sistema y de su comportamiento futuro. Si eso ocurriera, podríamos decir que la especie se ha hecho realmente sabia. Hasta entonces, sin ni siquiera ser capaces de predecir el tiempo atmosférico, difícilmente podemos llamarnos a nosotros mismos "*Homo sapiens*".

11.2. El individualismo extremo.

Una de las formas de pensamiento contemporáneo relevante y de gran influencia en el nefasto comportamiento medioambiental vigente y que constituye un grave obstáculo a la hora de resolver los dilemas medioambientales del siglo XXI, es el individualismo extremo. En realidad, el individualismo ha sido y es responsable de diversas patologías sociales, culturales y económicas producidas en nuestro entorno, pero aquí nos centraremos en los aspectos medioambientales.

Se entiende por individualismo, la idea de que los componentes primeros y últimos de cualquier agregado social son los individuos y que son esos individuos los poseedores del valor moral y político. Es decir, el ser humano posee una esencia que lo separa radicalmente del resto del mundo. Este privilegio del individuo respecto a la sociedad se encuentra en las raíces profundas del consumismo y del comportamiento medioambiental que ha caracterizado la segunda mitad del siglo XX. Una de las primeras consecuencias de dicha manera de pensar se expresa en el lema "la sociedad no existe, sólo existen los individuos".

Tampoco debemos olvidar que el individualismo ha sido uno de los logros mayores del Humanismo Occidental y forma parte indisociable del concepto de la ciudadanía moderna. Es decir, nunca estamos en el lugar de otro y sólo desde nuestra individualidad podemos pensar en "otro" o los otros. Tales supuestos complican la justificación y necesidad de las instituciones públicas y comunitarias. Para un egoísta racional, es más conveniente actuar como lo hace un gorrón, es decir, simular la cooperación pero, de hecho, escaquearse, de manera que obtuviese todo el beneficio pero ninguna carga por el mantenimiento del orden. Pero, como todos los sujetos están cortados por el mismo patrón, todos sabemos lo más beneficioso a titulo individual y egoísta es justamente ser insolidario, pero que la generalización de este comportamiento sólo genera graves daños para todos. Esta es a mi entender la flagrante situación en que se encuentran los problemas ecológicos y de futuro sostenible del planeta. Nadie quiere renunciar al confort y beneficios económicos inmediatos que exige el adoptar comportamientos sostenibles. Es decir, nos encontramos ante el famoso esquema del dilema del prisionero ([54]), en el cual las opciones (en este caso concreto opciones medioambientales) de cada uno de los participantes se ordenan del modo siguiente: (i) no colaboro, todos los demás sí lo hacen; (ii) colaboramos todos; (iii) yo colaboro, los demás no lo hacen; y (iv) nadie colabora. Aunque la segunda opción es una solución óptima del juego, es obvio que por el momento dista mucho de ser una realidad a nivel medioambiental y debemos reconocer que es altamente inestable, ya que si un grupo reducido no las sigue el sistema genera graves problemas tanto ambientales como de conducta-reacción.

Actualmente la estrategia dominante o que tiende a ser mayoritaria es la del tipo "nadie colabora", de forma que el orden colectivo no será posible, sin acciones coactivas a través del derecho o los precios tanto de los productos como de los servicios. La educación-formación medioambiental a nivel de escuelas, pero también de los medios de comunicación es otra esperanza que por el momento aporta resultados lentos y menores.

En este punto, deberíamos hacernos la siguiente pregunta: ¿existen pruebas de que los elementos motivacionales (y emocionales también) que afectan el ser humano siguen los supuestos del egoísmo racional? La respuesta es negativa. Según los experimentos llevados a cabo por una rama de la economía denominada psicología económica, los seres humanos en general, se comportan como altruistas recíprocos, es decir, el ciudadano moderno prefiere la cooperación con

54 La teoría de juegos es un área de la matemática aplicada que utiliza modelos para estudiar interacciones en estructuras formalizadas de incentivos (los llamados juegos) y llevar a cabo procesos de decisión. Desarrollada en sus comienzos como una herramienta para entender el comportamiento de la economía, la teoría de juegos se usa actualmente en biología, sociología, psicología y filosofía.

los demás seres humanos y siente una fuerte aversión contra los individuos que se aprovechan de los beneficios de la comunidad pero que salta las normas y no asumen las cargas y responsabilidades sociales. Posiblemente, lo más eficiente desde la perspectiva social de un futuro sostenible sea contar con un comportamiento mixto que admita tanto entidades colectivas como individuos y que se asuman tanto fenómenos individuales como holistas y que haya interacción permanente entre ambos comportamientos.

Los supuestos individualistas en la sociedad y en la política bloquean la posibilidad de fundamentar normativamente conceptos ético-políticos como la solidaridad y la fraternidad. Donde los supuestos del individualismo se hacen mas patentes es en el seno de las denominadas políticas liberales. La presencia del individualismo es central en la teoría económica partidaria de la libertad de los mercados económicos y la desregulaciones de las grandes corporaciones y entidades financieras y que se opone a una política económica que prime la reciprocidad, la democracia y los bienes colectivos, que son los planteamientos que nos aproximan al futuro sostenible y la solidaridad intergeneracional.

Los planteamientos de fuerte cariz individualista, hacen difícil prever un futuro en el que los individuos adopten planteamientos sostenibles sin los acicates del derecho coactivo o las respuestas provocadas por los desastres o restricciones de la Naturaleza. Ejemplos recientes fueron las restricciones de agua en Cataluña en el 2008, los cambios de consumo cuando el barril de petróleo llego a los 150 $, los accidentes del Prestige, las progresivas reducciones de las capturas pesqueras acompañadas del aumento de los costes de capturas y un largo etcétera.

La esfera social alimenta la mente individual y entre ambas conforman la esfera de interacción social (mundo social o cultural). Dado que no hay un límite definido entre la conciencia intrínsecamente individual y el entorno socio-cultural que permita la existencia del individuo, se hace necesario un mundo social para la existencia individual y el desarrollo de la pericia humana que sostenga las convenciones que hacen posible a la sociedad. Las prácticas compartidas entre sujetos presuponen un trato práctico o un vínculo que podríamos denominar de reconocimiento mutuo que es incompatible con el individualismo a ultranza. Esta normatividad implícita, que puede interpretarse como un sentido ético-político inherente al hombre, ¿serviría de fundamento para un concepto relevante políticamente de solidaridad? ¿Será suficiente esta normatividad implícita para que la sociedad moderna adopte los criterios de sostenibilidad y de solidaridad para con las generaciones futuras? Responder a estas preguntas es un reto social y ético del máximo calado y para el cual no tenemos una respuesta conclusiva. Ello dependerá del desarrollo de los razonamientos y de los pasos previos a estos razonamientos a la hora de asumir una ética de responsabilidad a través (en mi modesto entender) de una ética del diálogo como veremos mas adelante. De lo que si estamos seguros es que esos pasos ineludibles a nuestro entender, son imposibles dentro de una concepción puramente individualista del ser humano y de la sociedad.

En consecuencia, hemos de llegar a la **conclusión de que la problemática medioambiental tiene sus raíces en los planteamientos antropocentristas, el individualismo extremo y el cambio de cosmovisión.**

12. ¿Qué es la responsabilidad?

La palabra **responsabilidad** proviene del latín *responsum*, que es una forma latina del verbo responder. En este sentido podemos decir que responsabilidad es sinónimo de "la habilidad de responder". Sin embargo, en castellano existen varios significados de la palabra **responsabilidad**:

- El deber de asumir las consecuencias de nuestros actos

- La imputabilidad o posibilidad de ser considerado sujeto de una deuda u obligación. Por ejemplo: "Los conductores de vehículos son responsables de los daños que causan con ellos".

- Como cargo, compromiso u obligación. Por ejemplo: "Mi responsabilidad en la dirección será llevar a nuestra empresa a generar beneficios y prosperidad a la sociedad que nos acoge".

- Como sinónimo de causa. Por ejemplo: "un resbalón fue el responsable de que se fracturarse el cráneo".

- Como la virtud de ser la causa de los propios actos, es decir, de ser libre. Por ejemplo: "No podemos atribuir responsabilidad alguna por la muerte del pobre hombre, pues un objeto inerte de la montaña cayó sobre él por azar".

La idea que los individuos tengan una responsabilidad para con su sociedad se remonta a los filósofos griegos y al derecho romano. Por ejemplo, el estoicismo (55) pone énfasis en los deberes cívicos, la responsabilidad social, la importancia de una buena ley y la igualdad de los derechos ciudadanos. Uno de sus grandes representantes, Cicerón, en el libro primero de "Los Deberes", habla sobre los deberes que tiene el hombre hacia la sociedad y hacia él mismo y propone que existe sólo una ley verdadera. Esta ley es la recta razón, la cual de acuerdo con la naturaleza, gobierna sobre todos los hombres, es eterna y no cambia. Esta misma Ley impulsa a los hombres a cumplir con sus deberes, prohibiéndoles hacer el mal. Sin embargo, el concepto moderno de responsabilidad en la Civilización Occidental se construye en la idea del contrato social, los términos generales del cual implican o establecen que la aceptación de ciertas responsabilidades, cuyo desconocimiento puede llevar a una dictadura o a una guerra de todos contra todos, antecede a cualquier derecho social.

Responsable es aquel que conscientemente es la causa directa o indirecta de un hecho y que, por lo tanto, es imputable por las consecuencias de ese hecho. Es decir, una acumulación de significados previos de responsabilidad, termina por configurar un significado complejo: el de responsabilidad como virtud por excelencia de los seres humanos libres. En la tradición kantiana, la responsabilidad es la virtud individual de concebir libre y conscientemente las máximas universalizables (el imperativo categórico) de nuestra conducta. Para Hans Jonas, en cambio, la responsabilidad es una virtud social que se configura bajo la forma de un imperativo que, siguiendo formalmente al imperativo categórico kantia-

---

55 El estoicismo es uno de los movimientos filosóficos de la antigua Grecia, que exaltaba la sencillez y la sobriedad de la vida de aquellos tiempos que miraba con desconfianza a los lujos y a las costumbres modernas, más sofisticadas, que la República Romana iba introduciendo.

no, ordena: "obra de tal modo que los efectos de tu acción sean compatibles con la permanencia de una vida humana auténtica en la Tierra". Dicho imperativo se conoce como el "principio de responsabilidad". Posteriormente K.O. Apel (1984) avanza y refina el imperativo del "principio de responsabilidad" de H. Jonas. Según Apel [56], y a la luz de la ética de la responsabilidad, cobran una importancia decisiva los siguientes elementos:

- La evaluación objetiva de la situación científicamente hablando.

- Cuales son los hechos significativos

- La averiguación de las consecuencias y subconsecuencias probables de las acciones desde el punto de vista científico no puede eliminarse desde la ética de la responsabilidad.

- Comprensión previa de los hechos.

12.1. La responsabilidad moral.

Es la imputación o calificación que recibe una persona por sus acciones desde el punto de vista de una teoría ética o de valores morales particulares. Se trata entonces de la responsabilidad que se relaciona con las acciones y su valor moral. Desde una ética consecuencialista, dicho valor será dependiente de las consecuencias de tales acciones; ya del daño causado a un individuo, a un grupo o a la sociedad entera por las acciones o las no-acciones (omisiones) de otro individuo o grupo.

---

56   K.O. Apel. 1984. Una ética de la responsabilidad en la era de la ciencia. Actas de las Primeras Jornadas Nacionales de Ética, Universidad de Buenos Aires.

Desde esta perspectiva, es un sistema de principios y de juicios compartidos por los conceptos y las creencias culturales, religiosas y filosóficas, lo que determina sí las acciones son correctas o incorrectas. Estos conceptos son generalizados y codificados a menudo por una cultura o un grupo, y sirven así para regular el comportamiento de sus miembros. De conformidad a tal codificación (que se la puede también llamar moralidad) el grupo puede darse conformidad a tales códigos para así poder perdurar. A nuestro entender la ética del medio ambiente debería ser en primera instancia consecuencialista, es decir guiarse por las consecuencias de los hechos y las normativas. Desde el punto de vista de la organización social, la responsabilidad moral se diferencia de la responsabilidad jurídica por su carácter interno. La responsabilidad moral se refiere principalmente al carácter interno de las conductas (la conciencia o intención de quien ha actuado), sin importar aspectos externos como el hecho de que éstas hayan sido descubiertas o sancionadas. Por el contrario, los procesos jurídicos no son necesariamente procesos de intención (por ejemplo, la prescripción del delito de robo por el mero transcurso del tiempo puede invalidar la responsabilidad jurídica sin invalidar la responsabilidad moral).

La responsabilidad moral ocupa un lugar cada vez más importante en la opinión pública cuando la adjudicación de la responsabilidad jurídica a través de los tribunales es insuficiente para cerrar casos como son, por ejemplo, escándalos de corrupción ligados al ocultamiento de cifras en la contabilidad de empresas, derramamiento de petróleo en zonas naturales, financiamientos ilegales de campañas y corrupción en la praxis política. El término aparece también en la discusión de temas como determinismo o libre albedrío, puesto que sin la libertad es difícil ser inculpado por las propias acciones, y sin esta responsabilidad moral, la naturaleza del castigo y la ética se convierten en un interrogante.

12.2. La responsabilidad ambiental.

Es la imputabilidad de una valoración positiva o negativa por el impacto ecológico de una decisión. Se refiere generalmente al daño causado a otras especies, a los recursos naturales, a la naturaleza en su conjunto o a las futuras generaciones, por las acciones o las no-acciones de otro individuo o grupo. Por ejemplo: "La responsabilidad ambiental de las empresas petroleras es muy importante debido a la contaminación del mar y las playas provocada por los derrames".

12.3. Responsabilidad colectiva.

En el interconectado mundo de hoy día, la responsabilidad ambiental recae tanto en los individuos, como en las empresas, países, grupos sociales y en la especie humana en su conjunto. Es decir, el principio de la responsabilidad se vislumbra como un imperativo que afecta básica y fundamentalmente al individuo, pero queda diluido cuando no descentrado, al situarse en el contexto de las actuaciones morales de los grupos. Tanto la noción de responsabilidad individual como la de responsabilidad colectiva o la de responsabilidad compartida, hacen referencia a dos elementos diferentes pero concatenados: i) la responsabilidad causal de los agentes que han provocado un daño (medioambiental o no) y ii) la culpabilidad que les atribuimos por haber causado ese daño. Ambos elementos al asociarse a los colectivos de personas y entidades, implican que debe hacerse un análisis detallado de los métodos y normas que en última instancia acaban transfiriendo la responsabilidad de colectivos a una distribución final de responsabilidades a nivel individual.

En la responsabilidad ambiental también se debe evaluar el hecho de la "reparación por daño ambiental". Desde el campo del las ciencias jurídicas, pueden surgir diferentes clases de responsabilidades ante este supuesto como sería la responsabilidad civil por daño ambiental, la responsabilidad penal por daño ambiental y la responsabilidad administrativa por daño ambiental. Parte de esta responsabilidad ambiental recae en las organizaciones, como principales fuentes de contaminación ambiental. Hemos por tanto de hablar de responsabilidad social, en cuyo caso, una definición de amplia aceptación puede ser la siguiente: "La responsabilidad social es la teoría ética o ideológica por la que una entidad ya sea gobierno, corporación, organización o individuo tiene una responsabilidad hacia la sociedad. Esta responsabilidad puede ser "negativa", significando que hay responsabilidad al abstenerse de actuar (actitud de "abstención") o puede ser "positiva", significando que hay una responsabilidad de actuar (actitud proactiva). Estos planteamientos, han dado origen a diferentes tentativas o percepciones "sectoriales" de establecer mecanismos de 'responsabilidad social", la más notable entre las cuales son las referentes a la "responsabilidad social empresarial". De entre esas nuevas percepciones, quizás la de Claus Offe ([57]), es una de las más novedosas. Postula que **la responsabilidad social tiene, como principal funcion en las complejas sociedades modernas, actuar como mecanismo de creación y promoción de una "moral autónoma" y el**

---

57 Claus Offe (Berlin 1940) sociólogo político de reconocimiento mundial y de orientación marxista.

autocontrol civilizado de sus miembros, en la medida en que no puedan compensar de manera suficiente los déficit de tal autocontrol con el aporte de los medios (coercitivos) del derecho y (estimulantes) del dinero.

Un problema de capital importancia es como la responsabilidad individual y colectiva se genera a partir de haber establecido unos determinados derechos medioambientales, que a menudo se definen como derechos de los animales o de la naturaleza en su conjunto. Esta concepción de los derechos medioambientales no encaja con la idea que actualmente se tiene de los derechos humanos ya que ni los animales ni la naturaleza son humanos ni a título individual ni a título colectivo. Para sortear al menos inicialmente semejante problema podemos intentar hacer una definición de los derechos medioambientales mas modesta y redefinirlo en el sentido de constituyan unos derechos del medio ambiente para que ese medioambiente sea saludable y seguro para los humanos, cayendo de nuevo en un cierto antropocentrismo que en secciones anteriores hemos considerado como causa de los problemas medioambientales actuales. Al tomar esta deriva, nos alejamos de las demandas de ampliación de los espacios éticos a los animales, la biodiversidad y el futuro sostenible. Es decir nos encontramos ante un dilema, ya que por un lado dar prioridad a los derechos humanos y por ende a un medioambiente sano y seguro para el hombre, se contrapone a la protección de los animales y la naturaleza en cuyo caso el hombre es sujeto de protección secundariamente. Un problema añadido si se priorizan los derechos de los animales, es que hacer factibles esos derechos de animales y naturaleza es difícil y costoso y los gobiernos se encuentran ante el dilema de derivar recursos que previamente estaban destinados a otras importantes responsabilidades de cariz estrictamente humano. El problema de destinar recursos (siempre insuficientes) a la protección de los animales y la naturaleza es dramático en los países pobres donde la prosecución y plasmación de los derechos sociales humanos es de la máxima urgencia.

En definitiva nos encontramos ante el ya conocido dilema (mencionado en apartados anteriores) de que aumentando la lista de los derechos tanto si son humanos como si el espacio bioético se amplia a los animales y a la naturaleza, puede devenir paradójicamente no ético, al tener que compartir los recursos y por tanto descuidar los que previamente se habían reconocido y atendido. Si no existen o se habilitan nuevos recursos, definir o implementar nuevos derechos (ya sean humanos o de la naturaleza) implica disminuir los recursos para satisfacer los derechos ya existentes y reconocidos.

13. El punto final o el "cul de sac"en los dilemas medioambientales.

Como hemos dicho en apartados anteriores, la tecnociencia tiene sus propios límites establecidos por las propias leyes del cosmos y no es posible ir más allá ([58]). Podrá haber nuevos conocimientos científicos y mejoras tecnológicas sustanciales, pero por definición nunca podrá alcanzarse el consumo ilimitado de recursos, especialmente de los que estén ligados a la propia esencia y materia del universo. Por ejemplo la cantidad total de agua en el planeta Tierra es fija y constante, ni aumenta, ni disminuye. Se puede llegar a contaminar más o menos, a utilizarse parcial o totalmente, pero el límite es desde la perspectiva tecnocientífica claro y concreto. Algo parecido sucede con la energía fósil. Una vez consumida, el planeta solo puede sobrevivir con las energías renovables. El drama es, que el consumo actual de energía en nuestro planeta no puede producirse, ni por tanto tampoco satisfacerse únicamente con los sistemas renovables. La tecnociencia nos ha mostrado ya sus límites (probablemente no definitivos) y hemos de asumirlos. Ahora es el momento de la ética.

Otro problema que no puede dejarse de lado son los intereses sociales: puestos de trabajo, costes individuales, de so-

---

58 J.Vives-Rego, S. Caschetto, J. Faraudo and D. Prior. 2008. Management options for the increasing demand of energy and water: is the problem only soluble in technosciences? AMBIO – A Journal of the Human Environment 37 (2), 134-136.

ciedades o territoriales, sindicatos, etc. Todo el mundo quiere o dice que quiere un medioambiente impecable, pero pocos o nadie están dispuesto a pagar mas impuestos o pagar los productos que consumimos mas caros para que sean sostenibles, o tener que cambiar de trabajo en aras del medio ambiente, o no poder tener 2 o 3 viviendas. Una vez más, el terrible efecto del egoísmo, de las perspectivas cortoplacistas y sobretodo ¡de la ausencia de planteamientos éticos! nos distancia de nuestro deber. Se consume sin esfuerzo y lo que es peor, el consumo de cualquier bien o recurso se hace sin tener la más mínima noción de si hay o no reserva para el futuro. Se ignora si la cantidad disponible de recursos aumenta o disminuye; si es todavía enorme o empieza a escasear; si dentro de unos meses o quizás años será escasa. ¿Qué sucederá cuando debamos batirnos por los cada vez mas escasos recursos?

El hombre como todos los animales tiene pulsiones e instintos que afortunadamente a diferencia de los animales puede inhibir, controlar o incluso "re-educar". Es lo que debería suceder con el instinto humano a la hora de consumir recursos vinculados a la Naturaleza. En los dilemas medioambientales subyacen una serie de preguntas básicas de índole moral, todas ellas basadas en el cuestionarse sobre la existencia del mal moral desde la perspectiva ecológica. San Agustín [59] definía el mal como *id quod nocet* (= aquello que daña, que perjudica). El mal es siempre "el mal padecido por alguien" o "cometido por alguien". En la proyección medioambiental el mal sería el daño o destrucción de la Naturaleza, que conllevaría la pérdida de la vida humana verdadera y esencial.

---

59 San Agustín o Agustín de Hipona (354-430), nacido en la África romana, convertido al cristianismo en Italia, se considera uno de los cuatro más importantes Padres de la Iglesia latina.

Sin embargo, al considerar el mal o daño ecológico y por tanto el mal moral que implicaría no garantizar una vida humana verdaderamente auténtica en el sentido Jonasiano, podemos preguntarnos en que medida ese mal o daño ecológico sería la consecuencia de la ignorancia del ser humano que no es consciente (es por tanto ignorante) de las consecuencias de sus actos. En tal caso, deberíamos preguntarnos en que medida existe el mandato moral previo de evitar la ignorancia, para en consecuencia evitar el mal. En caso de que existiese el mandato moral previo de evitar la ignorancia "ecológica" o la ignorancia de las consecuencias ecológicas de nuestros actos, la pregunta de índole filosófica que surge es: ¿qué criterios éticos podemos establecer para determinar si el ciudadano se informa-forma adecuadamente? ¿Cómo explicar que el ciudadano de a pie se considera inocente (hecho comprobado a través de las encuestas en todos los países desarrollados) en cuanto a su comportamiento medioambiental, cuando por ejemplo es obvio que a nivel individual no optimiza los recursos para minimizar el daño ecológico que han implementado los gestores públicos? Preguntas de la misma naturaleza pueden hacerse en relación a la escasa participación de la ciudadanía a la hora de votar propuestas ecologistas y de valorar la participación de la ciudadanía como activista en las exigencias políticas medioambientales. Una pregunta final a nivel de ecoética es ¿en qué medida la condición moral esta segregada de la conducta moral del ciudadano de los países desarrollados?

Existen opiniones desde el ámbito de la filosofía, que sugieren que para entender las causas profundas y últimas de semejante comportamiento no necesariamente ha de hacerse desde la psicología, si no que debería hacerse a través de las propuestas del materialismo histórico de Marx y de la genealogía del poder (Nietzsche, Foucault Rousseau, Goethe, Schiller, etc.). Se trataría de apelar a la alineación del individuo, que a pesar de entender y saber las consecuencias ecológicas de su comportamiento y de estar insatisfecho con ello, no cambia su comportamiento y además perdura en sus actitudes.

La alienación implicaría desposeer al individuo de su personalidad, controlando y anulando su libre albedrío, para hacerle dependiente de lo dictado por organizaciones o individuos enmarcados en las políticas liberales de mercado, donde el individualismo y la no ingerencia del estado serían predominantes. De este modo, el ciudadano alienado ecológicamente, permanece dentro de sí, ensimismado en el proceso consumista y profundamente desorientado ante las disonancias cognitivas ([60]) que la sociedad le plantea.

La alienación no es un fenómeno genético, ni innato en los ciudadanos, aunque en la problemática medioambiental, la comodidad ante los esfuerzos y las posiciones económicas predisponen psicológicamente e incluso emocionalmente a las actitudes y comportamiento antiecológicos. De algún modo, el comportamiento no-ecológico de los ciudadanos modernos representaría una forma de adaptación, aceptación, separación y enajenamiento del individuo en base a su desarrollo cultural de su realidad y de su conveniencia de supervivencia.

---

60 El concepto de disonancia cognitiva, en Psicología, se define como la tensión o desarmonía interna cuando se confrontan ideas, creencias, emociones y actitudes de las personas. En cierto modo es un conflicto entre el comportamiento y las creencias. En tales situaciones, las personas nos vemos automáticamente motivados a reducir esa tensión o conflicto para recuperar la coherencia interna.

Tampoco puede evitarse el reconocer en estos procesos, la manipulación social, la sustitución cultural, los cambios cosmovisionales, la dominación política y los condicionamientos conductistas de la persona o colectivo a través del espejismo del consumismo y de las teorías que postulan que la calidad de vida está vinculada al consumo irreflexivo y compulsivo. Esta alienación ecológica no sería más que un entrenamiento, adiestramiento, adaptación, o derivación a una manera de pensar y a una cosmovisión cuyo propósito fuese en hacer del propio vivir del hombre, algo independiente de él, que va en contra de su propia existencia y de sus circunstancias.La alienación aparte de entenderse como una serie de disfunciones sociales del individuo, se caracteriza por una transformación de fenómenos y relaciones, cualesquiera que sean, en algo distinto de lo que en realidad son. En el caso que nos ocupa se trataría de la alteración y deformación, en la conciencia de los individuos, de sus auténticas relaciones con la vida y la Naturaleza. Finalmente, lo que debe a nuestro entender tener prioridad es que hemos de inculcar un deber que nos dicte proteger a la Naturaleza y los recursos y que ese deber emergería en nuestro interior no tanto como un deber moral Kantiano si no como un deber impuesto por nosotros mismos desde una perspectiva egoísta. Sólo si asumimos con Schopenhauer ([61]) que el deber es un mecanismo de protección o comportamiento egoísta eficiente, ese egoísmo en su versión radical y actualizada del deber Kantiano, debería imponerse para protegernos y proteger a las generaciones futuras de los problemas que el hombre va a sufrir si no adopta una ley-verdad consensuada que nos permita un futuro sostenible humano y digno.

---

61   Arthur Schopenhauer (1788-1860) filósofo alemán. Su filosofía se caracteriza por estar esencialmente concebida como un pensar o llevar hasta el final la filosofía de I. Kant.

13.1. La solución está en el diálogo a todos los niveles.

Las dimensiones, transversalización, globalización, riesgos y dificultades tecnocientíficas que caracterizan a los problemas medioambientales del siglo XXI, requieren a mi entender la aplicación de los principios de la ética discursiva desarrollada casi a la par por J. Haberlas y K.O. Apel ([62], [63]). Prácticamente toda la filosofía Habermasiana y Apeliana nacen del diálogo continuado entre los desafíos generados por la tecnociencia y la necesidad de vertebrar una valoración o enjuiciamiento ético sobre sus logros, asumiendo la dificultad de que esos logros pueden tener lecturas y por tanto valoraciones muy diferentes en función de los grupos que valoren y de las creencias y fundamentaciones que se utilicen.

La base de la ética discursiva es la reflexión trascendental. Sin embargo, para Habermas la ética discursiva está a caballo de la filosofía y de las ciencias reconstructivas, es decir dando acto de presencia a la tecnociencia como elemento que nos lleva a la realidad, pero sin abandonar ni disminuir el valor decisorio de la razón moral como clave para construir las decisiones trascendentes y por tanto de construir la historia. En la ética discursiva es fundamental reconocer y entender que somos lo que somos gracias a los demás y a nuestra relación con los otros. En este punto del análisis ético, el punto de partida es la teoría consensual de la verdad, que a través de la teoría del discurso, permite plantear una ética y ecoética

---

62 K.O. Apel. 1991. Teoría de la verdad y ética del discurso. Ed. Paidós, Barcelona.
63 J. Habermas. 1987. La teoría de la acción comunicativa. Ed. Taurus, Madrid

racionalmente fundada y con validez universal. Es precisamente esta teoría de la acción comunicativa, una teoría consensual de la verdad y la corrección que, de la mano de las teorías de la evolución social, permite avanzar en la hoy por hoy compleja e incierta tesitura medioambiental sobre todo ante los escenarios de las próximas décadas, cuando la pérdida de recursos y la demografía de las futuras generaciones dejarán poco margen de maniobra. Es precisamente a través de la ética discursiva que se retoma y se configura el pragmatismo universal. De algún modo se retoman los ideales de la libertad, igualdad y fraternidad que a principios del siglo XXI son de nuevo necesarios. Sin embargo, a la luz de hoy día, esos ideales se tienen que expresar modificados por dos fuerzas motoras formidables e inevitables que son los propios dilemas medioambientales y la reflexión pragmático-formal. De este modo, la libertad se revelará como un acto de autonomía por parte de todos aquellos que elevan exigencias de cambios de valores a través de los actos de habla y están por otro lado legitimados para defenderlas con argumentos racionales y científicos. La igualdad se fundamenta en el hecho de que no hay ninguna justificación ni trascendental ni universal para establecer desigualdades entre los afectados (en este caso concreto por el medioambiente). Si algo ha impelido ha actuar a los gobiernos e incluso a los poderes económicos, es que la imperiosidad ecológica discrimina de modo menor en sus efectos inmediatos entre pobres y ricos, entre débiles y poderosos, pero eso sí, finalmente todos, absolutamente todos, serán afectados a corto o largo plazo. Finalmente la fraternidad adopta una dimensión contemporánea, global y universal en la potenciación y reconocimiento de las redes sociales sin las cuales es imposible proteger a los individuos (mas allá de su poder o riqueza), ya que como J. Habermas y G.H. Mead nos recuerdan: "somos lo que somos gracias a nuestra relación con otros" ([64]).

Es precisamente ante los peligros, temores o cuando no miedos, que las realidades medioambientales que nos depasan como el cambio climático, la contaminación y la merma de los recursos, cuando el dogmatismo y las creencias de raíz religiosa fundamentalista no tienen sentido. Entendemos por dogmatismo los enunciados, mandatos o prácticas sociales que se inmunizan o blindan ante la crítica racional y los hechos plausible o científicamente comprobados.

Ese sería el modelo o vía (al menos teórica) para fundamentar la validez de los enunciados y juicios morales que pueden permitir alcanzar el futuro sostenible. La pieza básica de este modelo es el denominado "principio discursivo" por el que sólo son válidas aquellas normas con las que todos los posibles afectados puedan estar de acuerdo. Este principio presupone y exige relaciones simétricas de reconocimiento entre los participantes. La verdad consensuada propuesta por Haberlas, no sirve para conocer la verdad científicamente hablando (que solo puede alcanzarse a través de la ciencia). Pero una vez conocida esa verdad científica, lo que procede es hacer una evaluación ética del como y porque se ha llegado a esa situación y que verdad ética queremos consensuar para establecer cambios y definir un futuro sostenible o al menos durable. De modo muy esquemático, las decisiones éticas medioambientales han de tomarse en base a la "política deliberativa" de J. Habermas, que se trata de una modalidad de democracia participativa en la que se vinculan las resoluciones de los conflictos políticos a prácticas discursivas

---

64 G.H. Mead 1972. Espíritu, persona y sociedad. Editorial Paídos, 3ª edición pag. 307.

o argumentativas en los diferentes espacios públicos (desde la comunidad de vecinos hasta las cumbres internacionales que acogen a la practica totalidad de países constituidos). En teoría, debería asegurarse a cualquier persona una participación equitativa en el proceso decisorio. En este modelo o vía política, el lenguaje no sólo es un medio para acceder al conocimiento si no que deviene la condición para que haya la posibilidad del conocimiento y del saber. Es decir es necesario saber para comprender y es necesario comprender para poder decidir. A medida que la ética discursiva se va aplicando e incorporando con vistas al logro de la verdad consensuada, el concepto de responsabilidad se transforma paulatinamente en corresponsabilidad, para finalmente abocar a una ética planetaria de corresponsabilidad medioambiental. Quizás por medio de esa metodología se podrían romper las habituales incapacidades de gestores, científicos y ciudadanía, para llegar a un futuro sostenible y que, hoy por hoy, son:

a) Que el poder político puede actuar (es decir, tener poder legítimo y factual), pero carece de conocimientos y comprensión profunda y no está afectado de modo primario por sus decisiones.

b) Que el científico, tiene el saber y los conocimientos, pero son excesivamente parciales (no están integrados). Además puede estar primariamente afectado, pero carece de poder ejecutivo (legítimo y factual).

c) Que la ciudadanía y en particular los afectados en acto o en potencia carecen generalmente del poder y del conocimiento.

El futuro sostenible del planeta solo se puede conseguir tras un debate que nos permita al menos alcanzar tres objetivos cruciales:

a.	Dar a conocer al ciudadano mundial la realidad ecológica y medioambiental de nuestro planeta en fecha hoy y las consecuencias y subconsecuencias más probables en caso de mantener el modelo de desarrollo y consumo actual a corto y medio plazo.

b.	Dado que para decidir hay que comprender y para comprender hay que saber, es en consecuencia imprescindible, que junto a los avances de la investigación en las temáticas medioambientales, se haga un esfuerzo comunicativo a toda la población y de modo particular a los afectados.

c.	Llegar a acuerdos de comportamiento medioambiental globales que permitan con alta probabilidad el futuro sostenible tanto de nuestras generaciones como de las venideras y las comunidades de seres vivos y Naturaleza en su conjunto.

El punto de partida para alcanzar la sostenibilidad sería la acción comunicativa y no únicamente la moral ni la razón, puesto que precisamente la moral y la razón no han impedido hasta la fecha dirigirnos a un futuro no sostenible y claramente discriminatorio de las generaciones futuras al negárseles la oportunidad de la vida digna, humana y de la calidad que nosotros hemos conocido.

La comunidad dialógica estaría idealmente constituida por todos los afectados incluidos los representantes de las generaciones futuras, aunque esto último plantea otro problema: quien puede arrogarse la representación de las generaciones futuras y como se expresa esa representación. Este conjunto de interlocutores (mensajeros o portadores de información e intereses) para ser válidos deberían reunir cuatro requisitos: i) igualdad; ii) respeto; iii) libertad y iv) tolerancia.

A la hora de transmitir la información y argumentar, los mensajes o alocuciones-discursos deberían cumplir las siguientes normas: i) Inteligibilidad, es decir se ha de entender y comprender. Si no es inteligible no es inteligente, ni puede ser transparente; ii) Veracidad, es decir que el interlocutor esté convencido de lo que dice es cierto, aunque pueda finalmente no serlo desde la perspectiva tecnocientífica; iii) Corrección lingüística, eludiendo formas de lenguaje o no existentes o que no sean aceptadas por la comunidad lingüística. Es decir, el interlocutor válido es el que defiende los intereses lingüísticamente y se presenta en términos de igualdad con los demás, respeta a los demás mensajeros (interlocutores) y receptores y a la forma de expresar el lenguaje y iv) que las decisiones sean cognosciblemente y objetivamente ciertas o al menos que no estén en contradicción con los conocimientos y el saber científicamente demostrado.

El acuerdo medioambiental que permitiese alcanzar el futuro sostenible sería un acuerdo basado en premisas tecnocientíficas, pero de naturaleza trascendental en el más puro sentido filosófico de la palabra. Es decir sería un acuerdo derivado del propio ser humano y que se aplicaría a todos los seres y que refiriéndose a la realidad, excediese los límites de la experiencia actual. Por tanto, los argumentos que fundamentarían este acuerdo serían incontrovertibles y por tanto la razón substantiva y substancial de las premisas del acuerdo. Este acuerdo trascendental nacería por tanto de una reflexión basada en la intuición como de la observación directa de las Leyes de Naturaleza.

13.2. Críticas y límites a la ética Habermasiana.

Así y con todo, en la situación ideal de habla de las propuestas de Apel y Habermas, se postulan situaciones que nunca se han dado en la Historia de la Humanidad. Además, no se conocen y es difícil de imaginar personas con semejantes atributos para poder llevar a la práctica los requisitos de interlocutor y mensajero postulados por Habermas. Es decir, la ética discursiva incurre en dos críticas: i) formalismos excesivos; ii) universalismo abstracto y desligado de la realidad y iii) separar lo justo de lo bueno, aunque quizás este elemento tenga poca utilidad a efectos pragmáticos de cara al futuro sostenible. Su plasmación hoy día parece irreal en particular por la complejidad, variabilidad y diversidad de los intereses de los humanos y de su forma de entenderlos a lo largo de todos los tiempos. Dado que un acuerdo trascendental de semejante calado parece hoy poco factible (aunque deseable), la opción que este autor vislumbra como más posibilista al menos a corto plazo, es la ética de mínimos postulada por Adela Cortina ([65]).

El aceptar la ética discursiva, automáticamente presenta el peligro de disolver el fenómeno moral, si no es completada con una teoría de los derechos humanos y una ética de virtudes y actitudes. Desde el punto de vista de Adela Cortina (que compartimos), el derecho a la igual participación no puede atribuirse sin más a la racionalidad, puesto que la conciencia moral de una época determinada, expresada ya sea en la conciencia o en el lenguaje debe estar presente. En otras

---

65 A. Cortina. 1986. Ética mínima. Introducción a la filosofía práctica. Ed. Tecnos, Madrid.

palabras, se han de tener en cuenta las circunstancias históricas y culturales cuando se inicia el discurso deliberativo, y no sólo las puramente racionales. También en sus escritos encontramos una cierta crítica al puro procedimentalismo. Para A. Cortina, prescindir de la bondad de la intención y desplazar el interés ético hacia lo que hace correcta una norma, sitúa a la ética y la moral en un lugar precario, el de la pura exterioridad. Una cuestión más que le preocupa, es el hecho de que el principio de la ética discursiva, como legitimador de normas morales correctas, se escriba sobre la apariencia de un principio de legitimación de las decisiones políticas (en una mala interpretación). Esto puede conllevar el inconveniente de cargar a la voluntad y juicios morales con el lastre de las realizaciones pervertidas de la vida política existente. Por ello, es importante remarcar el hecho de que en la voluntad moral no es tan importante guiarse por el consenso que culmina, sino por el proceder dialógico, esto es: cultivar la actitud dialógica de quien está interesado en conocer los intereses de los afectados por una norma, escuchar sus argumentos, exponer los propios y no dejarse convencer por intereses particulares, sino sólo por los generalizables.

Adela Cortina también ve el peligro de que la ética discursiva pueda caer en un idealismo, en el sentido de considerar sólo la dimensión racional del hombre y olvidar los móviles del mismo, esto es, el tipo de virtudes que predisponen a actuar de acuerdo con ellas. Desde su punto de vista sin la percepción de un valor, sin experimentar algún elemento valioso, no hay motivo por el que el individuo deba seguir un principio. Y señala que si la ética discursiva se ha ocupado de algo parecido a una virtud, ha sido la de la formación democrática de la voluntad, de la disponibilidad al diálogo, pero ésta es una virtud intelectual que no guarda relación con posibles virtudes éticas, con virtudes del carácter. Cortina considera un error el eliminar la dimensión del querer, por lo que es necesaria una doctrina elaborada desde aquello que los hombres consideran como valioso.

Por lo que se refiere a la teoría de los derechos humanos propuesta por Cortina, podemos decir que ésta se encuentra fundada en la ética discursiva; considera que es necesario para la fundamentación de los derechos humanos llevar acabo la defensa de una concepción que atienda tanto al ámbito ético de estos derechos, como a su promulgación en los códigos jurídicos vigentes. Se ha de buscar una base ética procedimental, esto es, un criterio válido para promulgar estas normas, pero que sea al mismo tiempo compatible con la múltiple variedad de creencias que encontramos en las distintas culturas a las que los hombres pertenecen. Entiende por derechos humanos a aquellos que se le atribuyen a todo hombre por el hecho de serlo, y hombres son aquellos que poseen o podrían poseer competencia comunicativa, idea que tiene la ventaja de posibilitar una fundamentación normativa de los derechos humanos mediante el principio de la ética discursiva. Los derechos humanos son un tipo de exigencias cuya satisfacción debe ser obligada legalmente y por tanto protegida por los organismos correspondientes, y el respeto por estos derechos es la condición de posibilidad para poder hablar de hombres con sentido. Es decir, al decidir sobre los comportamientos medioambientales del futuro, tendremos de refugiarnos en una ética de mínimos en la que las normas que decidamos tengan en cuenta los intereses de todos los afectados en términos de igualdad y no se pretenda imponer un modelo de felicidad o bienestar basado en una u otra tradición, religión o pensamiento. En esta línea de reflexión, será fundamental el abstenerse de hacer formulaciones, propuestas o alternativas absolutas. La urgencia, globalidad y complejidad de la problemática medioambiental, exige decisiones y actuaciones firmes y claras, pero totalmente flexibles cuando el propio debate o los hechos exijan nuevas reconsideraciones o análisis. Es decir, la razón comunicativa y la teoría discursiva renuncian a entenderse como razón absoluta y a intentar imponer dogmáticamente su propia concepción en el proceso comunicativo.

Dada la complejidad, variabilidad y diversidad de los intereses de los humanos y de su forma de entenderlos a lo largo de todos los tiempo y dado que un acuerdo trascendental parece poco factible (aunque deseable) en estos momentos, la opción que vislumbro como mas posibilista es la ética de mínimos postulada por Adela Cortina [66]. Es decir, que al decidir sobre los comportamientos medioambientales del futuro, nos refugiemos en una ética de mínimos en la que las normas que decidamos tengan en cuenta los intereses de todos los afectados en términos de igualdad y no se pretenda imponer un modelo de felicidad o bienestar basado en una u otra tradición, religión o pensamiento. Sin embargo, dado que los derechos medioambientales son derechos universales y trascendentales de 4ª generación [67], la ética de mínimos

---

66 Ver nota anterior.

67 La división de los derechos humanos en tres generaciones fue concebida por primera vez por Karel Vasak en 1979 y se asocian a los valores proclamados en la Revolución francesa: libertad, igualdad, fraternidad. Los derechos de primera generación son los derechos civiles y políticos, vinculados con el principio de libertad. Los derechos de segunda generación son los derechos económicos, sociales y culturales, que están vinculados con el principio de igualdad. Los derechos de tercera generación de derechos se vinculan con la solidaridad. Para ciertos autores, está surgiendo una cuarta generación de derechos humanos que no obstante no ser claro su contenido hacen referencia al medio ambiente, la bioética, las nuevas tecnologías y un largo etc.

debe permitir decisiones que tengan la fuerza del Derecho internacional y de una coactividad que no permita desviaciones sociales, de estados o de grupos que mermen las consecuciones de las decisiones éticas mínimas. Un argumento de peso a favor de las decisiones coactivas es que no tenemos demasiado tiempo para reaccionar y debemos primar la eficacia. El argumento de la eficacia es tanto mas importante cuanto que precisamente la responsabilidad es de particular aplicación y urgencia a lo perecedero, lo vulnerable y lo que está o puede estar condenado a desaparecer en breve. En este sentido la desaparición de numerosas especies y las listas de especies en extinción o en peligro de extinción avalarían la calidad de vulnerabilidad o condena a desaparecer en breve. Es aquí cuando surge una clara crítica a las propuestas dialógicas de Apel y Habermas, que no valoran ni consideran los sentimientos y por ende no contemplan las respuestas que los sentimientos pueden generar. Es decir, que la ética de mínimos debería estar modulada por la eficacia avalada por una mínima coacción, la razón como elemento objetivo pero también el elemento subjetivo de los sentimientos que de este modo darían lugar a un reforzamiento de la responsabilidad. Es decir la responsabilidad se contrapondría a la libertad al configurarse entre la razón-deber y los sentimientos.

La equidad del derecho a la sostenibilidad de todos los ciudadanos del mundo implica necesariamente unos deberes que son inseparables de los derechos y que sólo el trabajar por la defensa y aplicación de los derechos y deberes medioambientales de modo simultáneo permitirá un avance tangible y satisfactorio a largo plazo. Dado que la configuración de los derechos fundamentales configura a su vez un deber y viceversa, se nos presenta un problema de difícil resolución al incorporar los derechos de las generaciones futuras. Si las generaciones futuras tienen derechos y en particular medioambientales, es obvio que en fecha hoy no les podemos exigir que cumplan con los correspondientes deberes. En consecuencia, la fundamentación de los derechos de las generaciones futuras es cuanto menos cuestionable en la medida que no es pensable configurar deberes factuales en fecha hoy para esas generaciones.

La ciencia no es neutra ya que se genera y utiliza en base a unos intereses o unas respuestas culturales cuando no cosmovisionales concretas que de un modo u otro la ponen al servicio de una cultura y una moral vigente. Por ello la valoración ética de la tecnociencia no puede hacerse despojándola de valores y por tanto su valoración tanto a nivel humano como medio ambiental, debe hacerse de manera conjunta con la participación de tencocientificos, filósofos y de modo particular de los sectores afectados. Esta valoración ecoética no puede hacerse si antes no se han comprendido las consecuencias y subconsecuencias de las decisiones tecnocientíficas, pero la valoración de la tecnociencia no puede hacerse en términos pragmáticos o resolutivos si no sabemos como éticamente valoramos las consecuencias y subconsecuencias, tal y como K.O. Apel postuló ([68]), y los afectados por esas consecuencias y subconsecuencias hayan expresado libremente su opinión. De hecho las consecuencias y subconsecuencias medioambientales de la tecnociencia afectan tarde o temprano, a toda la población y a todo el planeta de modo directo o indirecto sobre todo atendiendo a los imparables (al menos por el momento) fenómenos de la globalización. Sin embargo, no es menos cierto que determinados sectores sociales, países o áreas geográficas estarán menos afectados que otras. Por ejemplo, las sociedades modernas con infraestructuras efica-

---

68 Ver nota 56.

ces, fiables y bien organizadas, con tecnología de remediación avanzada y con sistemas de control seguros, serán afectadas con más retraso e inicialmente con menor intensidad por los impactos medioambientales negativos. Sin embargo, siempre acabarán acusando los efectos de esos problemas, ya sea directamente por la difusión de la contaminación o residuos, como por el menoscabo de los servicios proporcionados por el medioambiente (depurar el agua, regenerar aire, degradar residuos, suministrar agua de calidad, producir biomasa, etc.) como por efectos indirectos como los terribles impactos y costes sociales de una emigración desbocada, la necesidad de importar recursos a costes cada vez mas altos, etc.

Finalmente nadie escapara a la lucha cada vez más encarnizada por los recursos básicos, energía, agua, alimentos, recepción de residuos, disminución de los recursos propios, etc., lucha en la que todos seremos perdedores y los daños que se ocasionaran a nuestras sociedades de confort y seguridad serán difíciles de superar. Por último, nos queda hacer una valoración de si la conciencia puede ser el único o el último recurso en la tomas de las decisiones ecoéticas en general y en particular en las medioambientales. La propia conciencia es indudablemente un valor y un factor a tener en cuenta fundamentalmente en el sentido de que el deber Kantiano, no deja de ser una emoción y/o sensación que llega a ser coactivo internamente (con nuestro propio interés o deseo) y por lo tanto tiene el valor de que cada individuo se convierte en un agente dual capaz de tomar a ese nivel decisiones que pueden ampliarse a nivel general. Sin embargo, la conciencia no deja de estar condicionada por el desarrollo cultural. En definitiva el principio ético de partida debe basarse más en el argumento que en la decisión, independientemente de su mayor o menor probado o garantizable pragmatismo o eficiencia. En consecuencia, los fundamentos de la ecoética tienen como eje conductor y elemento definitivamente atemporal el diálogo.

Las decisiones medioambientales deben tomarse en el seno de las instituciones democráticas y tras la intervención y debate en el que intervengan todas las opciones políticas que tengan representación institucional. Sin embargo, en paralelo, ese debate debe estimularse y desarrollarse a todos los niveles de la ciudadanía e interaccionar de modo fluido pero constante con el que tenga lugar en las instituciones. En ese debate, deben intervenir de modo sustancial las universidades, centros de investigación y profesionales que de un modo u otro tengan algo a decir sobre esas temáticas. Es decir, la dilemática medioambiental sólo puede resolverse desde un planteamiento político, pero después de la máxima participación, global a nivel planetario y en el que ciertamente, los principios de la ética sean el eje central, tanto en el desarrollo del propio debate como en la adopción de las decisiones finales.

Me parece fundamental recuperar al menos una parte de la definición de ética que I. Berlin ([69]) expresó con toda claridad y que reza del siguiente modo: "Ethics as believes about how life should be lived, what men and women should be and do." (Se definiría la ética como las creencias de cómo la vida tendría que ser vivida y lo que el hombre y la mujer deberían ser y hacer). Esta definición nos lleva de nuevo a la teoría consensual de la verdad de J. Habermas, en la que finalmente es el diálogo continuado, generado a partir de los desafíos de la sociedad actual tecnológica y el enjuiciamiento de sus logros, lo que puede llevarnos al futuro sostenible.

---

69   Isaiah Berlin (1909–97), filósofo, historiador, educador y político teórico británico nacido en Lituania. Fue un firme defensor del pluralismo y sus trabajos sobre la libertad positiva y negativa son un referente en la filosofía política actual.

Este "enjuiciamiento" a partir de ese dialogo no es mas que la expresión pública de nuestros convencimientos leídos desde perspectivas diferentes, pero que finalmente como muy bien I. Berlin dice, van a dictar como consideramos que la vida y el ser humano deben ser y deban vivirse.

En lo que se considera la mejor contribución de I. Berlin a la teoría política, la distinción entre libertad positiva y libertad negativa se basa la batalla ideológica que en nuestros tiempos tiene lugar desde las diferentes ideologías políticas. Para I. Berlin libertad negativa es la ausencia de impedimentos, barreras, obstáculos a la hora de ejecutar nuestras decisiones. La llaneza y simplicidad de esta definición choca con la complejidad planteada al definir libertad positiva que es según Berlin, la posibilidad de actuar o el hecho de actuar. Libertad positiva es la capacidad de actuar para conseguir los objetivos que deseamos o queremos, es la expresión de la autonomía y que por tanto se opone a la dependencia de otras personas o entidades.

Para determinado sector de pensadores y politicólogos, la libertad negativa debería ser la tarea de la política y de las instituciones sociales en el sentido de que los filósofos y los tecnocientíficos, tendrían como misión el estudio de lo que impide ejecutar nuestras acciones, tanto a nivel intelectual filosófico como a nivel físico-biológico. Tras ello, la tarea de las instituciones políticas sería eliminar o minimizar esas trabas o impedimentos. De este modo la libertad positiva sería objeto de estudio y desarrollo mayoritario de la psicología y la ética individual y solo posteriormente caería dentro del ámbito político.

En consecuencia la libertad negativa devendría la defensa de los derechos constitucionales básicos como por ejemplo la libertad de movimiento, de culto, la libertad de palabra o de asociación, etc. Por otro lado, la libertad positiva abarcaría los logros alcanzables por las sociedades y colectivos, tales como que el estado desarrolle y garantice los servicios sociales de la envergadura de la enseñanza, la sanidad, las infraestructuras y el ejercicio de las libertades democráticas. En este aspecto de la libertad positiva, el derecho a un medioambiente humano y al futuro sostenible constituiría un elemento clave dentro de las libertades positivas.

En definitiva, una de las cuestiones claves en relación al medio-ambiente es si su protección puede hacerse a través de las individualidades es decir de las libertades negativas o por el contrario requiere el planteamiento de los principios de las libertades positivas, las cuales sólo podrán ser defendidas desde las estructuras sociales y políticas. El plantearse en nuestro días el futuro sostenible, difícilmente puede hacerse desde la defensa de la libertad negativa, ya que precisamente la aplicación de los principios y posiciones políticas sustentados por la libertad negativa (básicamente el liberalismo económico a ultranza) son los responsables o al menos el agente causal primario del conjunto de impactos negativos medioambientales. La proclamación del mercado libre a ultranza implica que el estado no interviene y representa por tanto una imposibilidad teórica en una sociedad con estado, donde una economía social y ecológica exige que los mercados se estructuren social y ecológicamente a través de la regulación por parte del estado.

Al filo de los planteamientos de I. Berlin sobre libertad negativa y libertad positiva, el futuro medioambiental exige dos tipos de regulaciones que entendemos no son inseparables ni autoexcluyentes cuando se aplican a la legislación potencial destinada a garantiza el futuro sostenible. Por un lado la regulación negativa dimanante de la libertad negativa de I. Berlin implicaría legislar de modo que se garantizase el libre acceso de todos los seres humanos a la naturaleza en general y de modo particular a los recursos básicos de agua, energía, suelo y atmósfera limpia. Esos derechos de todo individuo a tener acceso a la Naturaleza y a sus recursos, tendrían que estar avalados y garantizados por el estado. Sin embargo, dada la organización actual de la sociedad contemporánea en grandes núcleos urbanos ese libre acceso sólo puede hacerse indirectamente a través de grandes infraestructuras que (como hemos visto en numerosos y recientes casos tanto locales como internacionales) acaban sustrayendo cuando no limitando el acceso de esos recursos a las poblaciones de origen. Ejemplos claros son:

i)   Los trasvases de agua que pueden privar del uso de esa agua vinculado a la personalidad y desarrollo de una determinada población o incluso exigir que se prohíba el uso agrícola de unas zonas para proveer de agua potable a otra, como sucedió en el 2008 que para garantizar el suministro ilimitado de agua a la zona de Barcelona se prohibió el riego agrícola en las zonas del norte de Cataluña.

ii)   Otro ejemplo paradigmático es la demanda creciente de energía. Las zonas urbanas y las turísticas exigen que el estado garantice el suministro eléctrico, pero esos mismos núcleos de población no permiten que las zonas de producción de energía (nucleares, térmicas, eólicas o solares) estén en su zona geográfica, lo que obviamente implica que son otras zonas sociales (normalmente más débiles políticamente) las que deben sufrir los impactos y efectos de acoger esas instalaciones.

iii)   El último ejemplo de este tipo, es que al desarrollar y aplicar tecnología para garantizar el suministro de por ejemplo el agua, la energía, la evacuación de residuos y hacerlo a precios bajos cuando no subvencionados, el consumo se dispara de tal modo, que el recurso o el servicio ambiental se malversa y deviene escaso o no accesible a toda la población.

Ante estas disyuntivas, lo que la ética nos dicta es que el acceso a esos recursos y servicios debe ser distributivo y equitativo, lo que no garantiza que al serlo, los niveles de exigencia de la ciudadanía puedan satisfacerse a partir de un cierto nivel de consumo y de un cierto precio. Este planteamiento ético es compatible con las últimas propuestas tecnológicas por las que la producción y distribución de por ejemplo agua y energía se descentraliza y se generen centros de producciones más pequeños, más próximos al consumidor y que sean las autoridades locales cada vez más responsables de la producción y suministro en función de las propias demandas.

Estos planteamientos todavía en fase de desarrollo se denominan "smart grids" o redes inteligentes de producción-distribución, implicarían que las entidades territoriales deberían ser progresivamente más autónomas y que su consumo y gestión afectase y dependiese menos (siempre de manera harmónica) de sus entidades vecinas.

Complementariamente, la regulación positiva dimanante de la libertad positiva de I. Berlin, implicaría precisamente establecer interferencias entre las actuaciones privadas o sociales con el medio ambiente, para que se pudiesen preservar los recursos, evitando los usos excesivos o abusivos y que por tanto, esos recursos fuesen un derecho permanente para todo el planeta y las generaciones futuras. Sería también a partir de la regulación positiva, que se coordinaría la actividad de las entidades de tamaño pequeño o mediano para evitar que unos grupos socavasen o pignorasen los derechos de los más débiles.

En este sentido nuestra propuesta se identifica con la idea de que según I. Berlin la libertad negativa y positiva son inseparables y que por tanto la libertad es siempre contextual, argumento que adquiere una dimensión planetaria-universal cuando la protección del medioambiente se pone por encima de la libertad negativa del hombre a actuar sobre él. De este modo, creemos que son equiparables entre si, los defensores y los críticos del mercado libre (en particular en este caso por lo que hace referencia a los temas medioambientales y al logro del futuro sostenible) cuando exigen regulación negativa (en el caso de los partidarios del liberalismo) y cuando exigen regulación positiva (en el caso de los ecologistas). En cualquier caso esa tercera vía o vía dual que complementaria la regulación positiva y negativa implicaría un nuevo sistema legislativo que se estableciese y actuase a distancia de intereses privados o minoritarios. Una re-explicitación de la libertad negativa con vistas al futuro sostenible implicaría que las libertades básicas del individuos se garantizarían por la ley y que la libertad negativa sería la libertad máxima individual que se podría ejercer ya que no estaría cortapisada por la ley.

Parece obvio que en nuestro mundo real, algún tipo de equilibrio entre la libertad positiva y negativa tiene que establecerse, ya que como el dicho popular dice: mi libertad empieza y acaba donde acaba y empieza la libertad de los demás. Es decir, la libertad sea del tipo que sea tiene que tener límites. Un exceso de confianza en la libertad positiva exigiría un gobierno con muchos medios y muy fuerte dispuesto a legislar en prácticamente todas las materias medioambientales, con los evidentes riesgos de autoritarismo. Por el contrarió, un exceso de confianza en la libertad negativa exigiría gobiernos reducidos y con poca capacidad de interactuar en la sociedad y frecuentemente o mayoritariamente desentendido de los retos medioambientales y de los derechos de los más débiles.

A tenor de lo expuesto, parece indiscutible que uno de los debates más atractivos y encarnizado que tendremos en los próximos años, será el análisis de la compatibilidad del ecologismo emergente con la democracia liberal y sobre todo con los aspectos liberales del sistema. Nos parece más que plausible que el ecologismo tendrá problemas con la libertad de acción, la diversidad de opciones y la autodeterminación. Pero no es menos indudable que la democracia liberal tendrá no pocos problemas a la hora valorar y cuantificar los requisitos materiales en términos de recursos para la libertad del mercado, planteada sin límites ni cortapisas. Si la libertad nos lleva a destruir la naturaleza, es obvio que no tendremos la libertad de poder disfrutarla.

Ante la perspectiva de este más que posible debate (ya existente en muchas sociedades) entre los objetivos públicos ecológicos (o ecologistas) y la neutralidad liberal, podemos considerar tres supuestos básicos:

i)   Si las dificultades para avanzar en el debate se deben a que no tenemos claro sí lo que debemos analizar es la mutua y recíproca exclusión del principio liberal y del ecológico y de los criterios prácticos y materiales de sus decisiones y gestión. Es decir si son o no incompatibles o en que medida pueden coexistir.

ii)   Si la controversia entre liberalismo y ecologismo podría esclarecer exactamente cuales son las incompatibilidades entre uno y otro sistema.

iii)   En que medida los límites a semejante debate pueden cambiar sustancialmente en la medida que las teorías políticas (todas, no sólo liberalismo y ecologismo) evolucionen.

Entendemos pues, que un debate sobre las ideas y postulados políticos en general y bajo la perspectiva del futuro sostenible es de la máxima urgencia.

14. Buenas prácticas de gobierno y ecoética.

Consideramos que ha quedado claramente establecido a lo largo de este trabajo, que la "*causa prima*" de los problemas medioambientales son el consumo y la demografía. Además, el consumo total, es a su vez consecuencia no sólo del consumo *per capita* si no también del número total de consumidores. Es decir el consumo de un país o de nuestro planeta es una función tanto del consumo individual como de la demografía. En consecuencia los problemas medioambientales no pueden desligarse de las políticas demográficas (número de individuos, población, crecimiento demográfico, etc.) ni de las políticas de gasto-producción, mas allá de los aspectos jurídicos que se establezcan para la protección de los recursos en particular y de la Naturaleza en general. Dada la universalidad e interrelación de los problemas medioambientales, las buenas prácticas de gobierno que pueden afrontarlos y resolverlos, pasan por las tres grandes premisas que establecen el ideal de la ciudadanía-gobierno:

1.   **La unidad de justicia.** Los principios y normativas medioambientales deben aplicarse, no sólo dentro de las fronteras de los estados convencionales y de acuerdo con sus leyes, si no de acuerdo con la dimensión geográfica del problema ambiental. Es obvio que muchos problemas deben plantearse con una única justicia planetaria, como es el caso del cambio climático. Otros quizás sean reduci-

bles a escalas de menor tamaño como por ejemplo Escandinavia o la península Ibérica o la zona centroeuropea.

2.   La unidad de gobierno y de la acción gestora. Las decisiones deberían idealmente tomarse por todos los afectados por los mismos problemas ambientales y esas decisiones deberían comprometen a todos los implicados.

3.   La renuncia en su totalidad a las "razones de Estado" por las que las relaciones entre distintos estados se basan mas en las relaciones de poder, fuerza y negociación que en los de justicia y libertad. Ningún país por grande o poderoso que sea puede delimitar sus problemas medioambientales a sus propias fronteras. Con el paso de las décadas venideras, los problemas medioambientales serán más transfronterizos a medida que la globalización avance y el trasiego planetario de materias primas, productos industriales y personas aumente. Por tanto la "razón de Estado" será cada vez menos apelable.

En tales circunstancias, el medioambiente, deviene un argumento definitorio del estado mucho más perentorio e importante que los argumentos hasta ahora utilizados, como la comunidad cultural, el ámbito jurídico o incluso la decisión colectiva. Estos, hasta hoy inapelables argumentos definitorios del estado, deben dar paso al único y verdadero criterio político que pueda unir, afecte y condicione a todas las sociedades más allá de idioma, cultura, ámbito jurídico o incluso del sistema democrático. En tales circunstancias la verdadera "razón de estado" es precisamente renunciar a ella para redefinirse como "la razón continental" o incluso planetaria que nos permita que el medio ambiente sea el único e ineludible vínculo jurídico y político de la sociedad del futuro.

En el planeta actual, altamente globalizado y con altísimos niveles de interdependencia entre los estados, los problemas medioambientales se generan mayoritariamente en unas zonas y son padecidos por pueblos y geografías que no solo no son responsables de haberlos desatado, si no que poco o nada pueden hacer por controlarlos o evitarlos. Un "estado medioambiental" sería el estado definido por unas características medioambientales comunes, ligadas a una geografía que condicionaría el desarrollo social y con las lógicas fronteras geográficas naturales e inevitables. Bajo este prisma la península ibérica sería un estado más adecuado desde el punto de vista medioambiental que los estados de España y Portugal. Europa central o Escandinavia serían estados más viables desde la perspectiva medioambiental que Holanda o Suecia respectivamente. En este sentido América del Sur constituiría una sólida unidad medioambiental. Existen, sin embargo ejemplos de estados actuales que se ajustarían impecablemente a este concepto de estado medioambiental, como es el caso de Australia o Nueva Zelanda.

Es decir, dejarían de definirse los estados a través de rasgos estrictamente humanos, para hacerlo por rasgos de la Naturaleza en su conjunto. Los derechos al bienestar, piedra angular hoy día en el estado moderno, se sustituiría progresivamente por los "derechos medioambientales" del futuro. A partir de este punto quizás deba hacerse una re-definición de los conceptos de libertad y justicia desde la perspectiva de la problemática medioambiental, reabriendo de este modo, la compleja trama de definiciones y debate que desde las diferentes ideologías políticas se han hecho.

Si asumimos que la libertad desaparece cuando hay dominación por parte de terceros, el control y dominación de los recursos naturales por parte de unos pocos o una parte de las sociedades, representa la supresión de la libertad y no plantearse o iniciar las políticas sostenibles a las que todo ser humano tiene derecho y en particular las generaciones futuras que todavía no tienen capacidad de intervención o decisión. La situación es particularmente injusta y flagrante en aquellos países que estando en vías de desarrollo, poseen abundantes recursos naturales (energía, minerales, agricultura, etc.), pero que son explotados por terceros y los beneficios de esa explotación no recae en la población del territorio explotado si no que van dirigidos a las entidades y países que explotan los recursos. La situación de la libertad y la justicia se agravan hasta límites difíciles de asumir, cuando esa explotación es consecuencia de una intromisión arbitraria que nada o poco tiene que ver con las decisiones democráticas de la población o del país. En tales situaciones pueden y deben plantearse las preguntas claves de cuando esas intromisiones son o no arbritarias o cuando esas intromisiones son la única alternativa como paso previo a la distribución. La respuesta a esas preguntas básicas no puede generarse sin la participación de la sociedad explotada.

Es obvio que el desigual acceso a la propiedad o a la utilización de los recursos naturales se traduce en injusticias y privaciones de la libertad que impiden a las sociedades en vías de desarrollo plantearse un desarrollo sostenible. En cualquier caso la propiedad o utilización desigual de los recursos naturales en un país o sociedad es incompatible con la idea de base del "interés general o común". La defensa de la libertad en las democracias modernas tanto a nivel de los intereses privados institucionales, pero también la defensa a ultranza de la libertad de los ciudadanos en tanto que individuos, está llevándonos a situaciones límites ecológicas a nivel tanto de el agotamiento de los recursos como de la producción de residuos. Está situación no va a hacer si no socavar el bienestar social, la democracia y las justicia. Por tanto, es imperioso hacer una reflexión profunda sobre en que medida el consumo cuando no el despilfarro inherente a la libertad de personas e instituciones en las sociedades democráticas modernas, debe ser re-analizado y re-conducido para impedir la autodestrucción de las estructuras sociales que generan bienestar, libertad y justicia.

Ante el postulado irrebatible de que todos somos iguales ante la justicia, cabe extrapolar que todos somos iguales en cuanto el derecho al acceso y utilización de los recursos naturales. Sin embargo ni todas las poblaciones están integradas en condiciones ecológicas idénticas, ni todas las actividades sociales requieren la misma cuantía de recursos. Es obvio que un ciudadano sueco tanto por la densidad de la población sueca, como por el contexto ecológico, no está sometido a las restricciones y limitaciones hídricas que afectan a las densas poblaciones mediterráneas permanentemente sometidas a climas secos.

Parece obvio que más pronto o mas tarde deberán analizarse los límites a la densidad poblacional y sus tipos de consumo dentro de la perspectiva de los límites intrínsicos de la ecología que acoge a cada sociedad en concreto. **Hoy mas que nunca cabe plantearse de nuevo la gran pregunta: "¿somos todos iguales ante las leyes ambientales o nuestros derechos ambientales están limitados a la ecología de la geografía que nos acoge?"**

No deja de ser sorprendente que ni los ciudadanos ni los gestores públicos se fían de quienes anticipan problemas o de aquellos que reclaman cambios para evitar problemas predecibles desde de un punto de vista prospectivo o simplemente tecnocientífico. Los políticos de manera particular conocedores de que al ciudadano no le gusta que le hagan malos augurios, son particularmente reacios a anticipar problemas o dificultades por evidentes que puedan ser. Parece como si ciudadanos y políticos considerasen que quienes señalan o anteceden los problemas fuesen los creadores de esos problemas. La población tiene la sensación de que es mejor ignorar, o disimular o minimizar e ir funcionando como si nada pudiese pasar con la esperanza de que el problema no llegue a manifestarse. Cualquier actitud es válida antes que encararse a algo que todavía no se ha confirmado como problema y a menudo la excusa es evitar el alarmismo. Es obvio que este tipo de actitudes no solo no sirven para solucionar problemas venideros si no que cuando se hacen realidad su solución o reparación es mucho más difícil y costosa que si se hubiesen tomado medidas de prevención y preparación de la ciudadanía ante la eventualidad. Parecería como si anticipar un problema molestase a los detentores del poder y socavase su autoridad y capacidad para gestionar las problemáticas emergentes. Cuesta reconocer que no se está preparado para todas las eventualidades posibles, cuesta admitir que estamos en una sociedad de riesgo, en la que la única manera de afrontar con posibilidades de éxito los riesgos, es analizándolos, preparándose y estableciendo métodos de alerta y prevención y reacción al mejor nivel posible.

15. Consumo y gobierno.

Las correlaciones entre el consumo y la oferta generada por los avances tecnológicos constituye el eje conductor de las políticas sostenibles. Es obvio que existe una clara correlación directa entre el incremento del consumo y el desarrollo tecnológico que genera una oferta de productos y servicios a precios asequibles. Se está cayendo en un error de consecuencias sociales, económicas y ecológicas nefastas, al preconizar o simplemente dar por seguro que los aumentos de oferta generados por el desarrollo de las tecnologías siempre podrán satisfacer la demanda. No hay duda de que las mejoras tecnológicas permiten aumentar la oferta y por tanto satisfacer la demanda de consumo insaciable de la sociedad actual. Sin embargo, el error es creer que al no establecer políticas de contención de consumo, el progresivo aumento de la oferta tecnológica podrá satisfacer la demanda. Estamos viendo que en el caso del consumo de energía y agua por ejemplo, existen límites intrínsicos naturales que la tecnociencia no puede franquear. La tecnología no puede ni creemos que podrá en un futuro vislumbrable, generar agua, ni petróleo. En cambio la tecnología puede facilitar el consumo de agua y energía de modo que se mermen los recursos por consumo excesivo.

15.1. Consumo y sociedad.

Hasta el siglo XX, el consumo era estimulado sin límites siguiendo los principios del libre mercado y el capitalismo económico. Hasta la fecha las políticas económicas sólo se han preocupado de aumentar permanentemente el consumo y el crecimiento económico, basándose en el presupuesto de que los recursos básicos (agua, energía, materias primas, etc.) eran "prácticamente" ilimitados, y cuyo acceso y utilización solo estaba en manos de las limitaciones tecnológicas. Hemos llegado al punto de que ya sabemos que los recursos de la Naturaleza son limitados y en ciertos casos son escasos y en otros ya tenemos una idea de la fecha de su agotamiento. Por lo tanto deja de tener sentido tanto ecológico como industrial y económico, continuar estimulando el consumo sin ningún tipo de control ni análisis de prospectiva. En un futuro no lejano solo tendrá sentido estimular el consumo de aquellos bienes y servicios cuya producción, distribución, consumo y generación de residuos sea sostenible.

Por tanto el eje conductor de las políticas sostenibles se basará en la definición de los tipos y niveles de consumo que sean rentables, que generen bienestar pero que sean sostenibles a medio o largo plazo. Si se admite que los tipos y niveles de consumo deben seguir directrices de sostenibilidad pre-establecidas, automáticamente debe abrirse el análisis y debate de cómo los recursos básicos deben pre-designarse a productos y servicios para cada situación territorial – demográfica (o de modo simplificado a nivel Nacional). Por ejemplo, es presumible que una gran mayoría de ciudadanos, grupos políticos e instituciones estén de acuerdo en que las demandas de agua, energía, materias primas que estén vinculados a los servicios públicos de la sanidad tuviesen menos restricciones de acceso que los ciudadanos como individuos. En la misma línea, los recursos destinados al transporte público deben tener menos restricciones que el transporte privado. Otro ejemplo podría ser el caso del consumo de alimentos: Los productos locales y frescos deberían tener unas ventajas o prioridades de consumo respecto a los alimentos importados de grandes distancias o altamente transformados o industrializados. Es obvio que estamos ante unos planteamientos enormemente delicados y de difícil cuantificación. El facilitar o dificultar el acceso a productos y servicios por criterios medioambientales, debe hacerse no únicamente atendiendo a criterios ecológicos, si no que para su correcta implementación social deben seguirse pautas jurídicas y económicas que garanticen y salvaguarden los derechos individuales y sociales del mundo actual.

La concreción de los aspectos jurídicos y económicos que deban constituir la base para establecer los tipos y niveles de consumo de individuos e instituciones, es un tema complejo, delicado, de difícil solución y además altamente variable en función de los avances tecnocientíficos, la demografía y la economía. Sin ánimo de dar soluciones pormenorizadas que consideramos todavía inexistentes, si que quisiéramos defender dos puntos cardinales:

1. **Justicia y solidaridad.** Todos los individuos de un territorio o comunidad tienen el mismo derecho de acceso a los recursos básicos de la Naturaleza: agua, energía, tierra y sus recursos. Las limitaciones a estos derechos individuales deben establecerse en base a las características territoriales y a la capacidad tecnológica de la sociedad que acoge el territorio.

2. Economía y sociedad. El acceso a productos y servicios debe hacerse dentro de las políticas de libre mercado, únicamente cuando los precios finales de los productos y servicios reflejen la internalización de los costes medioambientales y sociales.

Tanto los criterios jurídicos como económicos presentan dificultades substanciales que van a requerir años de trabajo, estudio, debate y sobre todo de formalización de los aspectos tanto tecnocientíficos como políticos. El conjunto de estos planteamientos debe hacerse con la máxima difusión y participación pública, ya que sin la implicación masiva y directa de toda la ciudadanía y del sector productivo e institucional, los objetivos de sostenibilidad no serán alcanzables.

15.2. El nuevo esquema político ecoético.

La reducción del consumo es una opción social que debe combinarse con las alternativas tecnocientíficas y las jurídicas. Las implicaciones sociales y económicas de la reducción del consumo necesitan explicarse al consumidor-ciudadano con detalle y sin imposiciones irreflexivas. Por tanto desde aquí urgimos a las entidades políticas y a los partidos políticos que incluyan este tipo de debates en sus foros y equipos de trabajo con el objetivo de generar nuevas propuestas desde las plataformas políticas tanto a nivel local y regional como nacional y transnacional.

16. Conclusiones y perspectivas.

Todos y cada uno de los ciudadanos de la sociedad moderna son responsables (en diferentes medidas) de cómo funciona el mundo en el que vivimos; desde el sistema político que nos gobierna hasta los sistemas de producción que cubren nuestras necesidades de productos y servicios. Es decir, la ciudadanía es un elemento responsable de la sociedad civil que interactua e influye en el poder político y el económico. La tecnociencia por si sola no puede resolver el tránsito de la sociedad actual (basada en el modelo de economía liberal sustentada sobre un consumismo permanente) al futuro sostenible. Ese tránsito requiere una nueva forma de sociedad con nuevos valores que nos conduzca no solo al anhelado futuro sostenible si no también a la plenitud de la vida humana. Para este tránsito es por tanto necesaria una nueva visión del hombre y de la Naturaleza fundamentada en dos aspectos:

i) Una nueva manera de vivir el mundo exterior en base a nuevos valores.

ii) Una nueva manera de razonar nuestro mundo interior.

Entendemos que el pensamiento o reflexión antecede o debería anteceder a la acción. En este sentido el proceso reflexivo aporta una nueva manera de pensar el medioambiente, además de constituirse en bisagra cuando no árbitro, en los dilemas y confrontaciones que se generan entre la economía y la ecología; la seguridad y la libertad y el progreso y la solidaridad. Hemos argumentado en este trabajo por la vía racional-reflexiva, que una ardua tarea debería acometerse como imperativo moral: el garantizar el futuro sostenible.

Semejante tarea, debe diseñarse tras un debate fundamentado en la ética que forzosamente ha de permitir que se lleguen a acuerdos que garanticen con alta probabilidad el futuro sostenible. Las máximas del utilitarismo convencional (máxima felicidad para el máximo número de personas) no son aplicables por dos motivos básicos:

a.   las exigencias del futuro sostenible van ha requerir sacrificios y sobre todo pérdidas de comodidad y confort que sin lugar a dudas la mayoría de población actual considera parte de su felicidad.

b.   la máxima felicidad para el máximo número de personas debería reformularse incluyendo de modo específico las generaciones futuras; lo que en primera instancia es difícil de anticipar dado que no conocemos esas generaciones ni sabemos cuales podrán ser sus percepciones de la felicidad y la ética.

Ese futuro sostenible es inalcanzable si no se introducen cambios sociales importantes, con el agravante de que cuanto mas se retrasen esos cambios más difícil será el acuerdo, mas perjudicado resultará el tercer mundo y las generaciones futuras y mas sufrimiento se ocasionará a la sociedad humana en su conjunto. Que la utilización de una tecnología sea moralmente o éticamente lícita o no, no depende del fin que con esa tecnología se pretende conseguir. La moralidad dependerá en última instancia de la posibilidad de recurrir al consenso efectivo y ampliamente comprensible de aquellos que están interesados y los que están o estarán afectados por las decisiones. La ética no puede eludir ese obstáculo y un problema técnico no puede dejar de ser examinado éticamente pero también tecnocientíficamente en el sentido de que debe ser resuelto atendiendo no solo a sus consecuencias inmediatas y apriorísticamente beneficiosas si no que debe contemplar las consecuencias y subconsecuencias a medio y largo plazo o dicho en términos tecnocientíficos: la decisión tecnocientífica debe ser valorada en tanto cuanto sus efectos y consecuencias colaterales, secundarias y de cara al futuro. En ningún momento debe trasladarse la decisión de sí una tecnología es ética o no a la filosofía, si no que la valoración ética debe hacerse desde la misma tecnociencia y en caso de no ser satisfactoria es la propia tecnociencia que debe encontrar una tecnología alternativa y moralmente aceptable.

Una pregunta cada vez más frecuente es si las ideologías actuales podrán encontrar una salida a los dilemas ecológicos. No cabe duda de que las ideologías cuando no las creencias religiosas han estado en la base de profundos cambios sociales y políticos. Sin embargo, no hay que dejar de subrayar que, cuanto más establecidas y más poderosas son las ideologías y las creencias, mas difícil es el desarrollo, debate y aplicación de nuevas ideas que a su vez pueden ser el elemento causal de importantes cambios tanto en las creencias como en las ideologías y por tanto que puedan generar cambios positivos ante los problemas cuando no dilemas que atenazan a las sociedades.

A más creencia e ideología menos ideas y menos creatividad, con lo que los posibles cambios necesarios para el futuro sostenible van a ser mas lentos o más difíciles. Es obvio que necesitamos ideas nuevas para afrontar los dilemas medioambientales y para tenerlas y hacerlas efectivas y para llegar a esos acuerdos universales, quizás tengamos que dejar de lado creencias y ideologías, para estimular la creatividad y las ideas que nos lleven a una vida humana auténtica.

Esa creatividad debe llevarnos a construir una vida individual pero a la vez profundamente social sobre unas bases y valores diferentes a los actuales y de algún modo que entronquen con prácticas todavía mayoritarias hace sólo algunas décadas. Me estoy refiriendo a que las nuevas bases han de recuperar la sencillez y austeridad (ante la sofisticación y exceso del consumismo actual) que todavía son atributos en muchos sectores de centro Europa, China y numerosas culturas de Asia, América y África. Se deben reconsiderar los planteamientos naturales en contra de los excesivamente cargados de tecnología que nos impiden ver el recurso, sus limitaciones y sus dinámicas. Tendremos que establecer nuevas bases de vida individual y social que impliquen una calidad de vida duradera y segura, que permitan un consumo estable tanto de los servicios públicos como de la producción industrial.

Si las ideologías y creencias vigentes no parece que sean capaces de sacarnos del atolladero medioambiental y vivencial en el que nos encontramos, quizás debamos reconstruir o generar nuevas ideologías y creencias que nos permitan concebir, desarrollar y alcanzar un futuro sostenible y una vida humana auténtica, más allá de las dificultades que tengamos para definir y concretizar operativamente nuestra idea de vida humana auténtica.

La consecución de ese consenso o acuerdo no ha de ser a nivel de consenso fáctico, si no que se ha de buscar un acuerdo trascendental. Entenderíamos por consenso fáctico aquel acuerdo en que una parte de los interlocutores no estuviesen convencidos de la eficacia a largo plazo ni de la bondad del acuerdo y que el motivo por el que se llegase a ese consenso fuese únicamente la necesidad de actuar a corto plazo. La postposición de los acuerdos transcendentales en aras de consenso fácticos en los que se atiende más a intereses particulares que a intereses generales, no hace más que retrasar y agravar la toma de las decisiones satisfactorias que deberían ser trascendentales. El "consenso fáctico" y las "negociaciones" estarían en total contraposición con el acuerdo trascendental, y deberían excluirse en los planteamientos medioambientales puesto que su objetivo no es encontrar lo racionalmente verdadero. El consenso fáctico y las negociaciones responden a los cálculos de intereses que persiguen obtener unos beneficios no universalizables dado que se hacen valer unos intereses particulares.

El respeto y la mirada atenta a nuestro entorno en general y de modo amplio a la naturaleza en su conjunto, sería un elemento clave en el desarrollo de esa ética de responsabilidad dirigida al medio ambiente. Recientemente, la idea de una mirada atenta enmarcada por el respeto, ha sido recientemente desarrollada por J.M. Esquirol [70] y se propone como una nueva manera de dialogo entre la tecnociencia y la Naturaleza y en definitiva ligada al respeto hacia el mundo y la vida humana. Esa mirada atenta o atención, iría dirigida a las personas, a los seres vivos y a todos los elementos de la Naturaleza.

La pregunta que surge ante el planteamiento de J.M Esquirol sobre ese respeto (que es prácticamente sinónimo de mirada atenta) es cuales son los elementos o aspectos que merecen esa mirada atenta. Una primera respuesta que ya

---

70 J.M. Esquirol. 2006. El respeto o la mirada atenta. Gedisa Editorial, Barcelona.

apuntó H. Jonas es la fragilidad no sólo de la vida humana si no de la vida en el planeta y de las numerosas y fascinantes expresiones de vida que se observan, pero que también se desconocen, en el mundo animal y vegetal, en el mundo microscópico y en nuestro inmediato entorno. Por no hablar de las numerosas manifestaciones de la vida que todavía no conocemos. Esta simple observación de la minuciosidad y abundancia de las expresiones vitales, no puede dejarnos insensibles y esa mirada atenta y respetuosa no puede si no que desencadenar una demanda de respuestas, de cuidados y en definitiva de protección desde lo más profundo de nuestro ser.

Otro elemento que surge como merecedor de respeto tras esa mirada atenta es la armonía y equilibrio de la Naturaleza en todas sus expresiones; aspecto que destacamos desde otra perspectiva mas científica en los apartados previos que hacen referencia a la ecología y sus mecanismos (sección 4). Esa mirada atenta nos demanda respeto a lo que todavía es desconocido, a los secretos de la Naturaleza, a lo que es un misterio tanto tangible como intangible; a aquello que aunque no sabemos si tiene o puede tener valor no sólo de por si, si no también por las consecuencias que pueda tener en nuestra vida o en las que pueda tener en situaciones de futuro.

La mirada atenta, no es más que un devenir consciente de nuestra finitud, de nuestra desvalidez al enmarcarnos fuera de la Naturaleza. En términos mas fácilmente comunicables a la población, esta mirada atenta y respetuosa debería tener como consecuencia que los objetos y pertenencias de las personas fuesen objeto de mas cuidado y estima, lo que a su vez nos llevaría a disfrutar durante mas tiempo de esos objetos, rompiendo el círculo vicioso de que para ser feliz sea necesario consumir a velocidad cada vez mayor y consumiendo objetos cada vez mas diversos.

Cada vez se hace mas patente que sólo una ética de la responsabilidad, nos podrá permitir alcanzar ese futuro sostenible, en la que las consecuencias y las subconsecuencias de las decisiones que se adopten, adquieran un protagonismo ineludible. Esas consecuencias y subconsecuencias deben conocerse desde el punto de vista científico para hacer una valoración y fundamentación ética de las decisiones tecnocientíficas que en ningún caso ni bajo ninguna circunstancia se valoren despojadas de sus consecuencias y subconsecuencias (en términos tecnocientíficos: efectos secundarios, colaterales y acumulados). Para conseguir tamaños objetivos con solvencia es imprescindible recurrir a planteamientos políticos de carácter supranacional, aunque sin renunciar a metas más ambiciosas como acuerdos mundiales con alto nivel de representación. Sin embargo, este objetivo choca en la actualidad con dos escollos no menores: los nuevos despliegues nacionalistas y la dilución cuando no el sometimiento del poder político a los mercados y a las fuerzas económicas mundiales. En otras palabras, el problema inquietante que surge es que ante la creciente interdependencia económica de todos los pueblos y naciones ¿cómo se pueden resolver democráticamente los nuevos retos? Dicho de otro modo, ante la mundialización de la economía, ¿tenemos también una mundialización de la democracia deliberativa? Como la respuesta a la pregunta precedente es un obvio NO, ¿qué posibilidades tenemos de que el futuro sostenible sea decidido en una democracia deliberativa universal que no esté sometida a las presiones de los nacionalismos y a las presiones de los grupos económicos minoritarios?

Las convicciones que en determinados análisis éticos pueden tener una posición relevante, difícilmente podrán utilizarse en estas situaciones cuando los resultados y conclusiones tecnocientíficas sean concluyentes, a pesar de que siempre tenemos que asumir las limitaciones que imponen la variabilidad e incertidumbre de las que todo planteamiento tecnocientífico adolece. ¿Hay alguna garantía de que semejante diálogo racional, transparente y global vaya a tener lugar alguna vez? ¿Veremos algún día que la problemática medioambiental se debata teniendo en cuenta la dimensión pragmática y ética de los argumentos, es decir, expresando los intereses generales a través de un consenso racional transcendental, que nunca ha de ser un pacto fáctico? O quizás otra manera de formular esa pregunta sea: ¿tendremos que esperar a la llegada de un holocausto medioambiental para que la sociedad humana tome medidas?

Las decisiones medioambientales desde el punto de vista tecnocientífico y ético solo pueden tomarse cuando se ha explicitado quien se hace cargo de los daños y como se "garantiza" que la probabilidad de que esos daños se den o repitan sea la mas baja posible. Este tipo de decisiones deben tomarse con la participación de los afectados. Este simple aserto choca con la dificultad de definir el concepto o idea de "nación" que es capaz de crear convicciones y apelar a emociones y sentimientos del corazón más que de la mente. El concepto de nación que puede facilitar el futuro sostenible no es el basado en comunidades étnico-culturales si no en la configuración de un concepto de nación que ejerce activamente sus derechos democráticos de participación y comunicación. Finalmente es ineludible aclarar y por tanto anticipar que los problemas ético-políticos son inevitables en los siguientes casos:

A.   ¿Qué sucede cuando al no tomar decisiones (por omisión) los daños son similares o mayores que los potencialmente acaecidos al tomar una u otra decisión? En estas circunstancias es obvio que la actuación por omisión no sólo hace referencia a los responsables políticos si no también a las actitudes pasivas de la ciudadanía. Estas actitudes, se escudan en dos supuestos: i) su presunta inocencia en la problemática medioambiental y ii) la transferencia de la responsabilidad a los gobernantes, que de hecho a sabiendas del poco o escaso interés de la población en la adopción de medidas medioambientales incómodas y que exigen sacrificios no habituales en el mundo desarrollado actual, no adoptan medidas por ser impopulares y afectar negativamente a su captación de votos y soporte político.

B.   ¿Qué sucede cuando no se puede garantizar una probabilidad baja de que daños substanciales se produzcan? Es obvio en este caso, que una baja probabilidad de éxito, no es óbice para no tomar una decisión cuando es plausible que las consecuencias de la omisión sean más graves y más probables que en las actuaciones de alta probabilidad.

C.   ¿Quién tiene la responsabilidad de decidir cuando un riesgo es aceptable o no y que tipo de actuaciones deben preceder a esta toma de decisiones? Entendemos que en un sistema democrático avanzado, sólo los responsables democráticamente elegidos pueden tomar esas decisiones. Sin embargo, las actuaciones que deben preceder a la puesta en marcha de esas decisiones deben constituir amplias consultas a cuatro niveles: i) político; ii) tecnocientífico y iii) ético y iv) a la comunidad afectada por las medidas tomadas o a tomar.

16.1. La metáfora del puercoespín.

Al tener que abordar la urgencia y a la vez la desorientación que producen los dilemas medioambientales, puede sernos útil la célebre metáfora del puercoespín de Schopenhauer, donde nos indica cuál puede ser la posición justa para situarse ante los problemas de los humanos. En un frío día de invierno, una manada de puercoespines se junta para optimizar su propio calor amontonándose unos encima de otros y así protegerse de la helada. Pero como era previsible, sucedió que se pincharon entre ellos, hiriéndose de modo que tuvieron que separarse rápidamente, con lo que otra vez sintieron frío. Así entre el peligro de morir de frío o de hacerlo por las heridas infringidas mutuamente con sus espinas, acabaron encontrando la distancia correcta: ni amontonamiento ni alejamiento, ni devenir antisolidarios, ni desentendernos de los problemas de los otros. Esta metáfora es aplicable a la problemática medioambiental.

16.2. Cosmopolitismo y medioambiente

Esperanza Guisán ([71]) nos aporta una nueva visión (o quizás mejor dicho una nueva sensibilidad) que a mi entender puede ser de extraordinaria utilidad en la construcción del futuro sostenible. Se trata de la deseabilidad de extender los sentimientos cosmopolitas (y por tanto antinacionalistas) de lo que en inglés se denomina "deep affections" (afectos profundos) que

---

71 Esperanza Guisán es Catedrático de Ética de la Universidad de Santiago de Compostela

en la sociedad históricamente se ciñe a los hijos, parientes y allegados (algunos los hacen extensivos a sus compatriotas) a lo que Esperanza Guisán denomina "wide deep affections" (afectos profundos amplios), de hecho tan amplios como la humanidad entera, pasada, presente y futura.

Es decir, como contrapartida al limitar las obligaciones humanas de respeto al conjunto total de la humanidad, es decir el "equal respect" (respeto igual) que muchos autores proponen, Esperanza Guisán insiste (como otros muchos autores que defienden la igualdad) en la "equal concern" (la preocupación igual) por todos los seres que piensan y sienten e incluso por aquellos que sólo, aparentemente, sienten. O dicho de modo mucho más simple: la propuesta sin cortapisas del amor desinteresado por toda la humanidad. Sin embargo, tanto Esperanza Guisán como yo y otros muchos, nos percatamos con demasiada frecuencia que la razón no tiene capacidad motivadora suficiente para cambiar los corazones, cosa ésta última que muchos pensadores han pretendido a lo largo de la Historia, pero hasta la fecha no hay indicios de que tamaño efecto tenga o pueda tener lugar.

La pregunta que surge de inmediato es, si ser cosmopolita es un deber o un derecho. La respuesta es imaginable en el sentido de que el cosmopolitismo, como forma superior de normatividad ético-política no es simplemente un deber, no es en absoluto un deber, sino que es o debería ser un derecho fundamental, del que nos vemos privados por una sociedad que parece tener más miedo que deseo a desarrollar las capacidades de armonía y cooperación mutua, tan defendidas desde J.S.Mill y Bertrand Russell, hasta nuestro días. Como es patente y obvio, los seres humanos somos seres híbridos con una mezcla de capacidades destructivas y generadoras de odio y miedo por un lado, junto con la amabilidad, la empatía positiva y la solidaridad por otro. Sin embargo, es fácil concluir, que difícilmente podremos desarrollar nuestras capacidades "innatas" de solidaridad en una sociedad consumista, egoísta, competitiva hasta límites inhumanos, que nos ha llevado a dividir el mundo en esferas (países, sociedades, cuando no culturas y religiones), muy difíciles de traspasar que se clasifican como "ganadoras" y "perdedoras", superiores y inferiores, cuando no malas y buenas.

Tras todo lo expuesto en este trabajo, entendemos que es obvia y urgente una transformación social, política y jurídica que propicie una solidaridad voluntaria (no forzada) entre todos los humanos. En la misma línea, es patente la necesidad de pasar de los derechos del "ciudadano", es decir los miembros de una nación, comunidad, estado o cultura a los derechos de todas las personas, es decir defender los derechos que nos pertenecen por el hecho de ser humanos, con independencia de nuestra etnia, nacionalidad, raza, sexo, lengua, religión, etc.

No es nuevo este planteamiento, ya que desde La República de Platón, donde se manifiesta que todos somos hermanos hijos de la tierra hasta las religiones más moralizadas, especialmente la cristiana (causante por otra parte de tantos crímenes contra las libertades humanas y del antropocentrismo anti-ecológico) han alabado el ensanchamiento del concepto de prójimo hasta abarcar a todos los miembros del género humano. El derecho a un medioambiente que permita un futuro sostenible es en esencia un derecho cuya consecución debe plantearse a partir del punto de partida que nos lleve a un consenso tanto de mínimos como de prioridades. Los dos frentes de actuación a nuestro entender prioritarios son: i) buscar incansablemente más conocimiento y comprensión del medioambiente y ii) entrar de lleno en el diálogo y debate sobre los valores y criterios que queremos que perduren que en definitiva podría expresarse en palabras simples y directas, preguntándonos: ¿Cómo queremos vivir?

Las consideraciones que hemos planteado en las secciones anteriores nos llevan a la conclusión de que las opciones políticas que nos permitan un futuro sostenible deben contener una equilibrada mezcla de ciencia, tecnología, educación y medidas económicas y legislativas acordadas tras una masiva participación de la ciudadanía y una mejora de la conciencia social. Generalmente, los políticos no están dispuestos a decir en público lo que debería hacerse, dado que ellos dependen de los votos y ciertamente las directrices medioambientales desagradables, cuando no difíciles de asumir y aplicar, desencadenan reacciones públicas adversas o simplemente esas directrices no van en la línea de los intereses de sus partidos.

Debemos pensar globalmente y actuar localmente (como reza el apreciado eslogan del eco-militante), pero también debemos pensar localmente para poder actuar a nivel global e intergeneracional. En cualquier caso entendemos que el imperativo categórico medioambiental para el siglo XXI es que se considere que el planeta (con todos sus recursos) es de todos los que lo pueblan actualmente y el acceso a los recursos es un derecho de todos por un igual. Nadie es propietario de la Tierra, los humanos, únicamente podemos ser y somos usufructuarios, ya que hemos heredado de nuestros progenitores esa Naturaleza y por tanto debemos dejarla en herencia a las generaciones futuras de modo substancialmente similar a como la hemos recibido en herencia de nuestros antecesores.